百读不厌的
经典故事

毛泽东青少年时代的故事

周世钊○著

周彦瑜　吴美潮　王金昌○整理

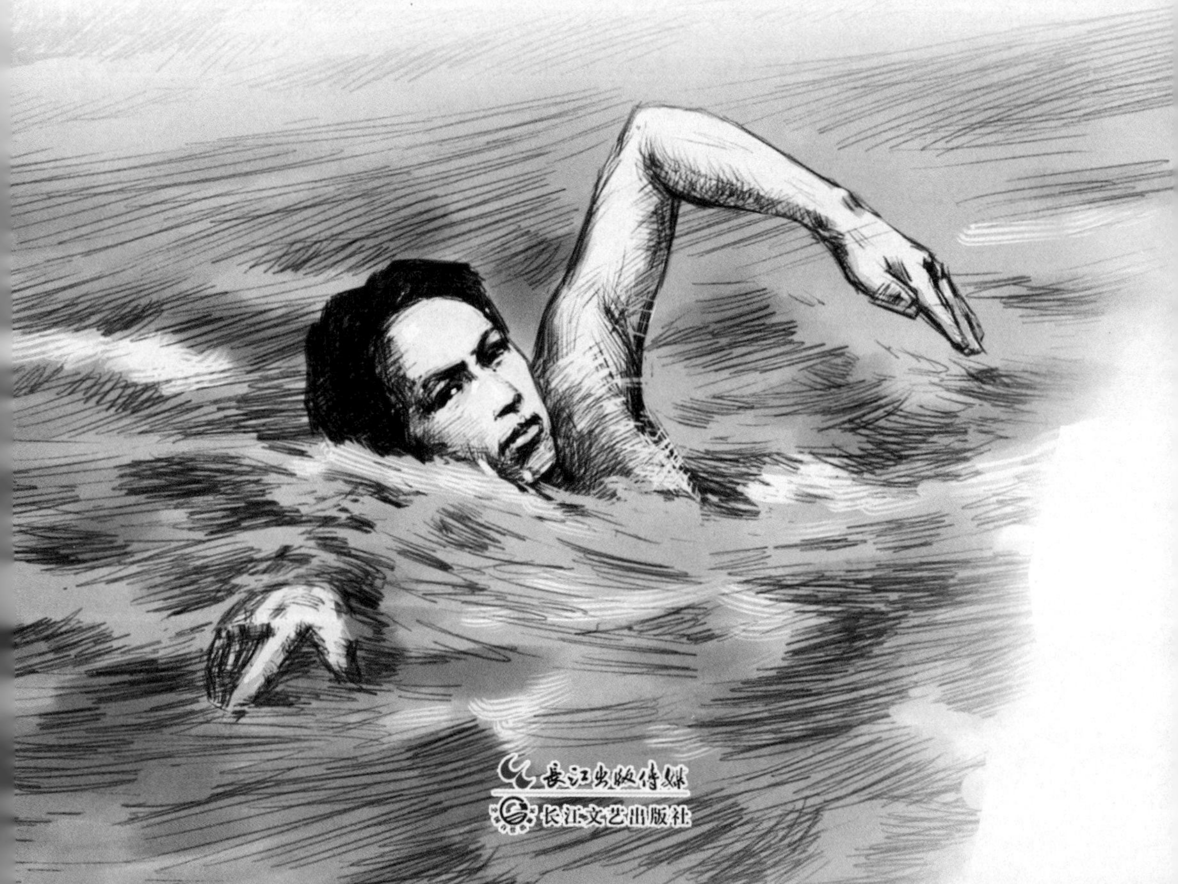

長江出版傳媒

长江文艺出版社

图书在版编目（CIP）数据

毛泽东青少年时代的故事 / 周世钊著；周彦瑜，吴美潮，王金昌整理. —— 武汉：长江文艺出版社，2019.12（2024.4 重印）
ISBN 978-7-5702-1382-5

Ⅰ. ①毛… Ⅱ. ①周… ②周… ③吴… ④王… Ⅲ. ①毛泽东（1893-1976）－生平事迹 Ⅳ. ①A752

中国版本图书馆 CIP 数据核字（2019）第 250683 号

责任编辑：李婉莹	责任校对：毛季慧
封面设计：笑笑生设计・张俊锋	责任印制：邱 莉 杨 帆

出版：长江出版传媒　长江文艺出版社
地址：武汉市雄楚大街 268 号　　邮编：430070
发行：长江文艺出版社
http://www.cjlap.com
印刷：湖北新华印务有限公司

开本：720 毫米×1020 毫米	1/16	印张：12.75	插页：2 页

版次：2019 年 12 月第 1 版　　2024 年 4 月第 7 次印刷
字数：108 千字

定价：28.00 元

版权所有，盗版必究（举报电话：027—87679308　87679310）
（图书出现印装问题，本社负责调换）

目 录

可爱的韶山	1
牛笆子	3
几本吸引着他的书	6
他的心里不平静了	11
自卫斗争的胜利	13
少年时代的游泳池	17
东台山下	19
剪辫子	23
当兵是最实际的行动	27
读《御批历代通鉴辑览》	30
看地图	33
第一师范是个好学校	39

杨昌济先生	42
永远没有满足的时候	47
不动笔墨不看书	51
好学好问	54
多想一想	57
做了一次游学先生	60
真是杂货担	65
在阅报室里	68
有力的讽刺	71
冷水浴	74
游泳在湘江	77
与天奋斗	82
爱晚亭畔	85
爬得高，望得远	88
六段运动	91
体育之研究	93
三不谈	96
得票最多	100
冬天用加法，夏天用减法	102
三个校长	105
何必这样骂人	109
反对袁皇帝	111

一身都是胆	114
学友会的新气象	118
足球热与乒乓狂	122
我们的毛先生	125
人多力量大	130
踏遍了岳麓山	136
留法勤工俭学运动	139
暴风雨的前夕	144
湖南学生的大联合	147
湘江的怒吼	153
女界钟	159
新娘自杀	163
新湖南	166
驱张运动的爆发	169
革命活动的新阶段	176
新少年的新教育	181
"安马合流"	184
文化书社	189
《通俗报》的新页	194

可爱的韶山

没有到过湖南的人到了湖南，没有到过湘潭的人到了湘潭，谁都想到山清水秀、名满世界的韶山村去瞻仰毛主席的故居。凡去韶山村瞻仰毛主席故居的人，谁都对韶山村的一山一水、一草一木，感到格外清新美丽、格外亲切可爱，对它们流露出无限深情，流连忘返。

但是在长期遭受封建统治的日子里，这里的农民也和全国各地的农民一样，遭受着残酷的剥削和压迫，度过了数不清的艰苦、悲酸的岁月。特别是到了清朝的末年，在帝国主义和封建王朝的双重掠夺压榨下，这里的农民，更深深地陷入了灾难的苦海中，在实在没有法子生活下去的情况下，素来无组织的农民也逐渐有了革命的觉悟和要求，更希望有人出来领导他们走上自由解放的道路。

　　这时的韶山村，居住着六百多户人家，大多数都姓毛。除极少数地主富农之外，百分之二十是中农，百分之七十五是贫农。毛泽东同志的父亲毛顺生先生原来也是贫农，青年时代负债过多，出外当过兵。后来回家，在乡里做些小买卖，省吃俭用，积下了一点钱，就把家里已卖出去的十五亩田赎买回来，自己耕种。当毛泽东同志诞生时，父亲已成为中农了。

　　毛泽东同志幼年时期，家里只有五口人，先是祖父、父亲、母亲、自己和弟弟泽民。后来祖父去世，又添了弟弟泽覃，仍是五口人。父亲顺生先生为人精明强干，治家很严，母亲文氏，是一个善良慈惠而勤俭的劳动妇女，爱护儿子，无微不至。一家人平静地住在上屋场十多间房子中，自耕自食，在韶山村算是一年到头能够温饱的一家。

　　毛泽东同志就是在这样美丽而穷困的农村里，这样勤劳朴素的农民家庭中，度过了他的童年和少年。

牛笆子

毛泽东同志从六七岁起就参加一些农业生产中的辅助性劳动。从八岁到十三岁，在附近南岸、桥头湾等地私塾读书，每天早上和下午放学回家，还要帮助家里放牛、挑水。十三岁时，因家中缺乏劳动力，便停了学，从这年到十六岁，完全参加了农业生产劳动。

幼年的毛泽东同志，热爱劳动，砍柴、种菜、犁田、插秧等农家的劳动，他一学就会，而且做得比别人好。别人的田只踩两遍，他都踩三遍，并且见草就锄，所以他种的田禾苗长得好，收获也多一些。他放牛、养猪也很内行，常将牛栏猪栏打扫得很干净，并常用笆子将猪牛身上的虫子笆去，在他这样辛勤爱护之下的猪牛，都没有疾病，长得肥壮。

现今毛泽东同志的旧居，还保存着过去作过牛栏的房子。这间房子的墙壁上，挂着铁的牛篦子。旁边挂了一块说明牌，牌上是这样写的："毛泽东同志从小就热爱劳动，七八岁时就常常砍柴、放牛。这就是他当时替牛梳虫子的铁牛篦子。一九二九年国民党反动派来这里抄家，牛篦子遗落在牛栏泥坑中，直到一九四九年后，整理这房屋时，才使它重见天日。"

看了这段说明的人，都为这个牛篦子的重新发现而庆幸。

由于毛泽东同志从小就和一些贫苦农民生活在一起，深深了解和同情他们生产和生活上的困难和痛苦。他的母亲又是一个性情仁慈肯帮助穷人的妇女，每逢荒年旱月，常用米粮救助饥饿的人们，远近乡邻都称道她的贤德。毛泽东同志非常敬爱母亲，顺从母亲，也深受母亲这种乐于助人的德行感染。他少年时期帮助穷人的故事，至今仍流传在韶山乡间。

秋天的一个晴朗日子，农民正忙于秋收、忙于晒谷的时候，忽然大风狂吹，乌云密布，大雨即将来到。毛泽东同志急忙跑到晒谷坪，望见邻家毛四阿婆正抢收谷子，他就帮她全部收好，才回头收自己家里的谷子。这时雨下大了，自家的谷子已被淋湿。父亲质问他，他说："四阿婆家里穷，佃了别人的田，要缴别人的租，她的谷子损失一点就不得了。我们是种自己的田，谷子淋湿一点还不那么要紧，所以我先收她的，后收家里的。"

一天早晨，他的父亲叫他去到村里一个族人家里赶回早十多天前订购的猪，族人对他说："这只猪虽然已经讲好了价钱，收了一点订钱，但现在猪价涨了，我又喂了十多天，我是不卖的了。"他听了这个族人的话，心想：不管他的做法对不对，但我们绝不应该占穷人的便宜。他对族人说："对呀！这样你当然不卖了。"最后他接了族人退还的订钱，空手回到家里。

有一年冬天，毛泽东同志到学校去读书，路上遇着一个穷苦的青年，身上仅穿一件单衣，在风雪中冻得打战。毛泽东同志非常同情他，和他谈话，并脱下自己身上的大衣送给他。

像上面这样的事情还多哩。

几本吸引着他的书

  清朝末年开始废科举、兴学校的时候，一般人把当时的新型学校称为"洋学堂"。当毛泽东同志达到入学年龄时，韶山村一带还没有这种"洋学堂"，所以他在八岁开始念书时入的是私塾。从八岁到十三岁，他一直跟着私塾先生读四书五经。先生只教学生熟读，死记硬背，书里说些什么，先生一句也不讲，讲也讲不清楚。学生都不喜欢这种私塾的学习，但是不好好地读，不能把书背出时，就要挨戒尺，被罚跪、打板子，受到种种严厉的惩处。

  毛泽东同志也和一般学生一样，不喜欢经书。他常带一本小说藏在经书底下偷着看，先生注意到他的时候，他就用经书盖住。他从小就聪明，记性特别好。先生有时察觉他在看小说，就叫他背书，打算在他背不出来时，加以责罚。但他背得很流利，先生

也没有理由责罚他。

当他十三岁时，他的父亲叫他离开私塾，帮助家里耕田作土，干一个普通农民的活。他白天忙生产，晚上还要帮父亲记账，一天中很少有可以用来学习的时间。但他仍然采取边劳动边学习的办法，以稍稍满足他求知的强烈欲望。

他出外劳动时，身上常带着他喜欢阅读的书，休息时就看几段。有一天在外放牛，他让牛在山边吃草，自己却坐在树荫底下看书。他被书中的故事吸引着，完全忘记了自己是在做什么。等到他偶然抬头时，牛已不见了。他到处寻找，最后发现牛已闯进邻家的菜园，在饱吃肥嫩的蔬菜。他这才把牛赶回家，并向邻家道了歉，又赔了一点钱。

晚上，他想挤些时间看书，但父亲不高兴，说他看的不是经史，说他不该消耗灯油去看杂书。他就把自己住室楼上一间藏杂物的小屋子，加以整理，并用被子遮住楼门，使灯光不外漏，他就在这样微弱的灯光下面贪婪地读他所能找到的一些书，每天都要看到深夜。

家里没有书，村子里也少书，急想看书的毛泽东同志，只好东找西借，甚至走到几十里外的亲戚家里去商量借书。

当时乡里能够借到的书多半是些民间流传的旧小说，像《西游记》《水浒》《三国演义》《岳飞传》《东周列国志》《说唐》等。这些书当时被看成旁门左道的杂书，里面却有一些生动的故事，深深地吸引着他。他反复地阅读，熟悉了这些小说里的故事和人物，别人要求他讲述时，他总是很生动地、形象地讲得有头有尾。特别是那些反抗压迫和剥削的斗争故事，他更喜欢绘声绘色地告诉别人，使听的人也被吸引着。

这时候，维新派康有为、梁启超诸人写的文章已经在社会上流行，毛泽东同志很喜欢它们，想方设法找来阅读。一八九四年出版的广东人郑观应写的《盛世危言》一书对他的影响更深。这本书提出中国的富强之道，在于开矿、筑路、发展工商业，设立议院、实行君民共产，发行报刊、设立图书馆、提高人民文化。这种中日战争前旧式的进步知识分子改良主义的政治主张，深为少年的毛泽东同志所赞成，他由此更加关心时事，关心国家大事，也更加迫切要求多接触新的书刊、新的知识。

到了十六岁那年，他又读了一些呼吁救亡图存的小册子，这些小册子中间有一本叫作《论中国有被列强瓜分之危险》，历述列强侵略世界弱小民族的事实，指出日本灭亡朝鲜、法国占领安南以后，侵略的锋芒就指向中国本土。他读了这本小册子，心情十分激动，觉得"国家兴亡，匹夫有责"，自己年龄虽小，也应该参加到救国的行列中去。后来在抗日战争期间，他还回忆着几十年前看到的这本小册子。他曾经这样对人说："我还记得这本小册子的开头就是'呜呼，中国其亡矣！'几句很感动人心的话。"毫无疑问，这本小册子对他的革命思想的发展和革命斗争的实践，都是有不可磨灭的影响的。

　　自从读了这几本吸引着他的书，他更增强了学习的欲望和要求。

他的心里不平静了

鸦片战争失败以后，帝国主义对中国加紧了侵略，清朝封建统治者对人民也加重了压迫和剥削，广大的劳动人民一天天陷入水深火热的绝境。人民实在没有法子生活下去了，就只有起来斗争，进行暴动。这里被镇压下去，那里又爆发起来，太平天国的运动虽然失败，但各处农民的革命风暴一直持续到清朝的末年，并没有停止过。少年时代的毛泽东同志，亲自听到和看到这样的风暴以后，他心灵的震动是很大的。

一九○九年到一九一○年间，湖南灾荒严重，当时长沙地区就饿死了成千上万的人。饥民拥向巡抚衙门，砍断旗杆，赶走了巡抚。后来清朝派来的新巡抚，逮捕了一批暴动的首领，把他们"枭首示众"。长沙饥民暴动的消息，很快就传遍了全省的农村。

韶山村农民秘密组织哥老会的一个会员，和地主发生冲突，地主告到官府，官府贪赃枉法，把哥老会会员判输了。哥老会会员不服，在山里结集，建寨反抗。后来被官兵镇压下去，为首的一个铁匠被官兵捉去杀了头。

这件事刚刚过去的第二年，韶山村的农民插秧不久就没有饭吃。谷米有余的富户，又"囤积居奇"不肯出售，农民被逼得没有办法，就发起"吃排家饭"，一群群挨饿的男女老幼走进有谷子的人家，开仓出谷，出米煮饭，吃了这家又吃那家。这样一来，那些有谷子的人家也就只有服服帖帖地让大家吃饭。

毛泽东同志把一系列的事件，听在耳里，看在眼里，引起了他心里的深思："一个人总得吃饭，由于没有饭吃就斗争，由于没有饭吃就想法子找饭吃，该是正当的。那些围攻巡抚衙门的头目，那个敢于带头暴动反抗官府的铁匠，应该算得是勇敢的英雄人物。"他本来平静的心，这时不平静了。从此，他对于农民的痛苦更加关心，对于农民群众的力量也有了一点认识。

自卫斗争的胜利

在父亲和私塾师不合理的管教和压制下，少年的毛泽东同志曾经有过几回自卫斗争，而且都以他得到最后胜利作结束。

那时候的私塾教书先生，常对学生进行残酷的体罚，像打手心、打板子、打头、打脚、罚跪等，成了他们的家常便饭。有一天，这个私塾先生正想按照老规矩对毛泽东同志进行惩罚，哪知出乎他的意外，毛泽东竟然出走了。他怕挨先生的打，不愿再回学堂，又怕挨父亲的骂，不敢回家。这时，他仅仅是个十岁的孩子，不熟悉出门的道路，只是沿着山下的大路，想走到城市里去。但是走了三天，他还在一个山谷里兜圈子，离家不足十里，最终被家里人找回去了。他想，这回一定会受到更严厉的惩处。但是实际情形并不是这样，对于他这次的出走，他们根本没有追究，而且从这以后，他的父亲似乎改变了从前那副严厉的样子，私塾先生也好像变得温和了一些。这次斗争的胜利，让幼小的他，得到了很大的鼓舞。

有一天，家里来了很多客人，他的父亲当着这些客人毫无根据地骂他"好吃懒做"。他很不服气，当即反驳他的父亲："我年纪小，就和大人一样劳动，怎么是懒做呢？每餐吃的是粗米饭，是缺盐少油的蔬菜，仅仅只填饱肚子不挨饿，怎么是好吃呢？"他说了这几句话后，就往外走，打算离开家里。母亲忙出来阻止他，劝他回去。父亲也边骂边追赶来了。他这时已走到屋前两口塘中间的路上，回头对他的父亲说："如果你追来打我，我就跳到塘里去。""不追你可以，但是你要回家。""回家去可以，但是你不能再打人。"母亲又从旁劝解，这场风波才勉强得以平息。此后，他的父亲真的不像以前那样动不动就骂人打人了。

有一段时间，父亲恼怒起来就喜用"不听话""不孝"种种罪名，加到儿子身上。有一天，毛泽东同志实在忍耐不住了，就向父亲说："你老人家的话应该听的，我都听了，有些不合道理的，我才没听。古书上说过'父慈子孝'，你老人家常常无缘无故打儿子，骂儿子，似乎有些不慈，怎么专责儿子不孝呢？"

毛泽东同志反对父亲的专制，更不赞成父亲的做米生意赚钱。他对母亲处在封建家庭和夫权压迫下面的地位，感到不平和不安。而母亲对于父亲剥削穷人的一些做法，也是反对的。这样一

来，他常和母亲、弟弟站在一起，同父亲的专制、压迫和剥削穷人的思想行为进行斗争。后来他回忆这时候的经历曾说："这时我的家里分两党，我的父亲为一党——执政党，反对党是我、我的母亲和弟弟所组成的，有时甚至连工人也在内。"

少年时代的游泳池

凡去韶山瞻仰毛主席旧居的人们，走到"上南岸"以后，首先映入眼帘，引起特别注意的，就是在旧居前面的两口塘和塘边新立木牌上面标写的"毛泽东同志少年时代游泳过的地方"几个鲜明而有吸引力的字。站在木牌前面可以把两口塘的形态看得很清楚：上面一口塘比下面一口塘小，下面一口塘比上面一口塘长，两口塘的面积合计起来大约还不过四亩。塘边杨柳成荫，临风摇曳，树下塘水澄碧，光可照人。每到旭日东升，夕阳将下，波光岚影，分外鲜明。这里是毛泽东同志少年时代出入、眺望、游戏、劳动的地方，也是"上南岸"一些小朋友练习游泳的场所。

毛泽东同志幼年的时候，身体瘦弱。他的母亲特别关心他的健康，又因他的两个哥哥是由于身体不好夭折，就更加无微不至地照顾他的生活，唯恐他生病。但毛泽东同志十二岁时仍然生过一场大病，虽因父母的多方调护、医疗，经过一段时间，病已痊愈，人却更加瘦弱了。这一来，年轻有大志的毛泽东同志着急了。他想，他是热爱劳动、热爱学习、想替穷苦的农民做些事情的少年，假使身体长久不好，病魔时常来折磨他，他将什么也不能做，于是他下定决心，一定要把身体锻炼好。从这个时候起，他就开始向左邻右舍的小伙伴学习游泳技术。

一群小伙伴中间，对于游水，有几个自命能征战的好汉，他们常带领年轻的毛泽东同志在塘里游泳。起初他跟不上，只能在水浅的塘边划来划去。但由于他勤学苦练，游泳技术进步很快，逐渐赶上并超过了他的"小老师"。他的"小老师"只能从塘头游到塘尾，再从塘尾游到塘头，他却能塘头塘尾来回往复游好几回，还有"余勇可贾"。

这时，年轻的毛泽东同志已脱离私塾的学习，参加家里的农业劳动，健康的情况已因劳动锻炼有了一定的进步，再加以游泳的练习，身体就逐渐结实了。这就增加了他锻炼身体的信心，提高了他练习游泳的兴趣。

东台山下

到一九一〇年,毛泽东同志已经是十六岁的少年了。

虽然从劳动中挤时间学习,读尽了农村中所能找到的书,但他是感到很不满足的。他向家里提出进"洋学堂"的要求,但他的父亲希望他到湘潭县的粮食店当学徒,说做生意才有出息。他的母亲希望他留在乡下种田,说读书会伤脑筋,伤身体。经过他本人的再三争取,加上他的表兄弟的再三劝说,父母才同意,让他进入湘潭县的东山小学读书。他自己挑着行李,第一次离开韶山,去到离家五十里的东台山下。

东山小学是就湘乡东台山下的东山书院改建的。校舍颇宽大,环绕校舍四周的是一个宽达七八丈的园池,池上植满了高高的树木。一座有木栏杆的桥,横跨池上,为全校同学出入必经之路。

每天黄昏时，这里的景色非常美丽。圆柱形的东台山和山上白色七层尖塔的倒影鲜明地映入池中间，随着潋滟的水波摇晃动荡。入校不久的毛泽东同志，最喜欢站在这个桥上，背靠栏杆，观看四周的景物，望望桥下的水波，看看池里的游鱼，仰观俯瞰山头和水底的岚光塔影，精神感到异常舒畅。有时还会看到一群群的小同学在池旁的操场上打秋千，走浪桥，跑跑跳跳，说说笑笑。这时他就会陶醉在美好无比的景色中，或任由心儿在天地间生机勃勃地飞跃。

东山小学的校长、教师们，常给学生讲述日本和欧美各国侵略中国的事实，毛泽东同志听了很为中国的前途担忧。这时候，他爱读康有为、梁启超的文章，对《新民丛报》尤其是读了又读。他当时认为康、梁常谈救中国的问题，是有爱国思想的人，是值得佩服的人。他常常这样想：我们必须以实际行动来救自己的国家。他取了一个"任"的别号，以表示他决心以救国为己任。(或者也有佩服梁启超的意思，因为梁启超别号任公。)

他这时似乎已意识到自己将来要做的事情很多，很艰巨，必须做好充分的准备工作。在东山小学的半年，他是从来不肯放松自己的学习和锻炼的。

他认真学习了学校的功课，进步很快。教师很喜欢他，特别是教经学和国文的教师们，因为他的文章写得好，经学也有根底。他又喜欢在课外找些书自己阅读，这时他读了一些中国历史、外

国历史。

有一天，他从同学那里借到了一本《世界英雄豪杰传》，过几天把书还给那小同学时，很不安地说："对不起，我把你的书弄脏了！"那个小同学打开书一看，见整册书都用墨笔在行间加了许多圈点。圈得最密的是华盛顿、拿破仑、彼得大帝、卡德琳女皇、威灵顿、格兰斯顿、卢梭、孟德斯鸠和林肯这些人的传记。"中国也需要这样的人物。""我们应该讲求富国强兵之道，才不致蹈安南、高丽、印度的覆辙。"在小同学表示欢迎替他的书加上圈点之后，毛泽东同志又向他说了这几句话。

在锻炼方面，除参加一般的体育运动外，毛泽东同志还利用课余和假日时间，到学校附近去游泳和爬山。他特别喜欢去东台山，有时结伴，有时独自一人，从山下爬到山上，又从山上走到山下。就这样，他养成了喜欢爬山的习惯。

剪辫子

　　毛泽东同志在东山小学读了半年之后，感到这个学校不能满足自己的要求和欲望，想走到更大的地方，投到更好的学校去学习。他得到了东山小学某教师替他写的介绍信，自己挑着行李，由湘乡走到湘潭，由湘潭搭上长沙班的小火轮船到了长沙，很顺利地考取了当时湘乡县设在长沙的湘乡驻省中学。

　　这是一九一一年的春天，是辛亥革命的前夕。毛泽东同志在学校学习之余，最喜欢读南学会办的《湘报》和同盟会办的《民立报》。他从这些报纸上知道了那年三月二十九（农历）广州黄花岗七十二烈士为反抗清朝而壮烈牺牲的经过，又知道了孙中山领导的同盟会的革命纲领。他在兴奋之余即刻写了一篇表达政见的文章，贴到学校的墙壁上。他主张从日本召回孙中山来做总统，康有为做内阁总理，梁启超做外交部部长。这时他还不知道孙中山和康梁主张的不同，只觉得他们是讲革命、讲维新的首领，是应该联合在一起来反对清朝统治和反对皇帝制度的。

这年上半年发生的事情很多，继三月间黄花岗起义之后，四月间清朝政府宣布"铁路国有"政策，继而把筑路权出卖给了外国人。人民群起反对。四川、广东、湖南、湖北各省纷纷抵抗，以罢市、罢课、罢工为反抗的武器，四川、广东更成立保路同志会与各地清朝驻防兵冲突，声势越来越大。

湖南是创办新学最早的一省。参加同盟会组织的华兴会主要人物黄克强等大部分也是湖南人。一些学校里经常有人宣传孙中山的革命主张。湖南反对铁路国有的运动，教师和学生的态度也是很激烈的。当时徐特立同志在周南女子中学教书，曾发动长沙城所有中小学罢课。学生也纷纷借反对铁路国有运动来反对清朝，鼓动革命。长沙的学校一时全沸腾起来。

毛泽东同志在这一系列的革命风暴影响之下，反对清朝政府的意志更坚决了。他在班上发起剪辫子运动，有十几个人已同意把辫子剪去，以表示反对清朝政府的决心。在一个星期天，他和一个同学首先把辫子剪了，但其他十几个同学这时忽然迟疑起来，说要等一下再剪。他俩觉得这是违背了信约，就想了一些办法，将那十多个同学的辫子在两天内统统剪去了。他认为要革命就要有决心，有勇气，剪一条辫子就得坚决些，用不着有什么顾虑。

他一个在法政学堂读书的朋友，反对剪辫子，说："身体发肤，受之父母，不敢毁伤。"毛泽东同志用反对清朝的道理反驳了这些《孝经》上的封建说法，使这个朋友开口不得。

当兵是最实际的行动

　　一九一一年十月十日，辛亥革命从武昌爆发后，湖南的形势立即紧张起来。当时的巡抚余诚格宣布省会戒严，严密搜查革命党人。但革命党人仍然在各处秘密进行活动，有的在运动起义，响应武汉，有的在学校讲演，鼓动排清革命。

　　有一天，一个革命党人到湘乡中学向学生做了反对清朝的激烈演说。听了他的演说后，学生情绪激昂，很多人当场表示要立即起来响应武汉，推倒清朝。毛泽东同志当时没有表示，但他的心情非常激动，觉得自己对革命不能袖手旁观，非立即参加不可。他想：干革命不是口头上说说就算的，必须有实际的革命行动。革命还须打仗，当兵打仗是最实际的革命行动。他决定到湖北都督黎元洪部去当兵。已筹办了路费，约好了同伴，正要由长沙动身时，湖南新平在焦达峰、陈作新的领导下赶走了巡抚，宣布了独立，立即添招新兵，驰援武汉，他于是决定在湖南加入革命队伍。

繁重的军事操练和军队勤务，对一个新入伍的学生，一个身体单弱的十八岁青年来说，是个艰巨的任务。但由于他急切地想学好打仗的本事，好在实际的革命斗争中贡献力量，想练好身体，使自己对一切艰苦的工作都能吃得消，所以对下操是特别认真的。仅几个月的时间，他已把当时军队那套基本训练搞得很熟练了，一些军中勤务也做成了习惯。他觉得这一段时间的训练，不但让他学会了初步的军事技能，也增强了自己的体质。

当时新入伍的新兵连，驻在长沙城的东区，每天要轮派一些人到驻地五六里外的城南挑白沙井的水作饮用水，又到城西湘江挑生活用水，有时要挑一整天。毛泽东同志那时的体力虽不很强，但仍能坚持下来。后来他在湖南第一师范学习时曾向同学们介绍他当兵的情况，也谈到挑水的故事，他说："我虽然觉得到五六里外去挑水太费时间，我有好多回用钱买水交账，腾出挑水的时间来看书看报，但轮到我挑水时，我还是去了不少的次数。我认为挑水也是一种运动，也是有益的锻炼。"

毛泽东同志喜欢新兵队伍里那些勤劳质朴的劳动人民。他们多数是贫苦的农民，也有挖煤的工人，打铁的铁匠……毛泽东同志常常和他们谈家世、谈生活、谈时事，并随时启发他们，帮助他们学习时事，学习革命的道理。他们不会写信，他就帮助他们详详尽尽地写。他和队伍中所有的士兵都相处得很好，大家觉得他是热情、谦虚、肯助人的好朋友。

那时的新军，每月饷银七元。毛泽东同志除开支两三元用来吃饭、买水外，别的钱一个也不花。他把剩余的钱买了一些书，订了一份报纸，一有工夫就去读它们。他研究时事的兴趣，此时更加浓厚。

读《御批历代通鉴辑览》

辛亥革命从武昌爆发后,不到一个月,各省群起响应,革命军就占领了十三省。清朝起用袁世凯做内阁总理,企图利用他的北洋军的力量,做垂死的挣扎。但野心勃勃的袁世凯,一面派冯国璋、段祺瑞率领清兵南下,用实力压迫革命军,一面又以革命军的浩大声势威胁清廷,终于实现了他个人的阴谋:南北议和,清帝退位;孙中山先生将临时大总统让位给他,南京临时政府宣布解散,京都仍然设在北京。这次革命的结果,只取消了一块皇帝的招牌,一切权力仍然操在官僚军阀的手里,老百姓仍然没有权力过问政治。辛亥革命终于流产了,失败了。

毛泽东同志天天看报,但是报纸上所报道的都是和他的愿望相反的消息,他觉得在这样的局势下面,当兵也起不了革命的作用，于是决心退出军队，回到学校里去学习。

一九一二年的春天，他离开了已经生活过四个多月的军营，天天在报纸上和街道的墙壁上寻找学校的招生广告。他先后在警官学堂、肥皂制造学校、法政学堂、商业学堂报过名，后来考取了高级商业学校，读了几星期。因那里的教本是英文原本，教师讲堂教学也多半用英语，这时他的英文水平不高，没有法子读下去，便又去湖南全省高等中学校①报名投考。

他是以第一名考取的。当时的校长和教员都很欢迎他，因为他试卷上的文章写得特别好，但又怀疑这样的文章不是一般中学生所能写出的，所以在他入校后，又举行了一次面试。结果这次的文章和上篇一样好，这才无话可说了。

在第一中学读了几个月以后，毛泽东同志觉得这个学校的教师太平凡，课程太虚浅，远不足以满足他炽烈的求知欲望，只好自己找书阅读。这时教他的国文教员见他有学习文章的兴趣，主动借给他一部《御批历代通鉴辑览》。当时他没有别的书读，觉得这就是很可读的书了。于是早晚自修时，他常阅读这部书，到暑假时，这部二十多本的《御批历代通鉴辑览》已被看完了三分之二以上。这不但增加了他的历史知识，而且使他产生了学习历

---

① 编者注：1912年湖南全省公立高等中学堂（即湖南全省高等中学校）建立，1914年5月学校先后更名为湖南公立全省中学校、湖南省立第一中学，后又历经多次更名和重组，成为现在的湖南省长沙市第一中学。

史的兴趣。他觉得这样自己读书，自己研究，比在课堂听教师枯燥无味地照本宣科的课收获多、益处大，自学的信心也更加强了。

看地图

　　由于不满意课程的肤浅和规则的烦琐，也由于交不起为数不少的学膳费，一九一二年的暑假中，十九岁的毛泽东同志就决定从读了半年的第一中学退学了。退学以后往哪里去呢？这是他已经考虑了很久的问题。回家吧？不愿意。进别的学校吧？没有钱。怎么办呢？还是采用早已试行有效的完全自修的读书办法吧。他想起十六岁进入小学以前在家里搞农业生产劳动的时候，由于挤空余时间自修，读了不少的小说和宣传时事的小册子，在东山小学、湘乡驻省中学、第一中学时和在新军当兵时，也由于自己找书读，读了许多康有为、梁启超的著作和中国古代历史，也看了各种报纸。自修确实是最有效的学习方法。做出这样的决定之后，心里也觉得轻松、兴奋，便背着简单的行李，向新安巷的湘乡驻省中学学生宿舍走去。那里是他旧游之地，很快他就找到了暂时安身的地方，每月只缴三元钱的伙食费，其余什么也不需要。

离新安巷三里的定王台设有藏书丰富的湖南图书馆。他每天在宿舍吃过早饭便匆忙地走到馆里，赶上馆里开门的时候就进去看书。他伏在阅览室的桌前聚精会神地看，简直不休息，一直到下午五六点馆里要关门了才出来。一天中只有中午到街上买几个烧饼充饥，算是他唯一的休息时间了。从夏到秋，从秋到冬，天气逐渐冷下来，有时天空中飘洒着雨雪，街道上往来的人已经披巾袖手，惧怕寒冻的威力，他却穿着单薄的衣服在雨雪中走来走去，到图书馆看书，从来没有间断一天。

这时候，他看书的数量既多，种类也颇复杂，而兴趣最大、收获最多的是社会科学方面的著作。他读了达尔文的《物种起源论》、赫胥黎的《天演论》、亚当·斯密的《原富》、孟德斯鸠的《法意》、斯宾塞的《群学肄言》、卢梭的《社会契约论》，以及世界地理、历史方面的书籍，希腊、罗马的古典文艺作品等。对严复翻译的《天演论》诸书，他觉得立论新颖、译文畅达，更是反复阅读，不忍释手。仅仅半年多的时间，他看过的书已达到几十种。

这半年是他学习生活中最可纪念的半年，他的异乎寻常的收获，不但在于读了几十种书，增长了知识，还在于提高了思想认识，确定了为解放痛苦的人奋斗的目标。这是他永远不会忘记的

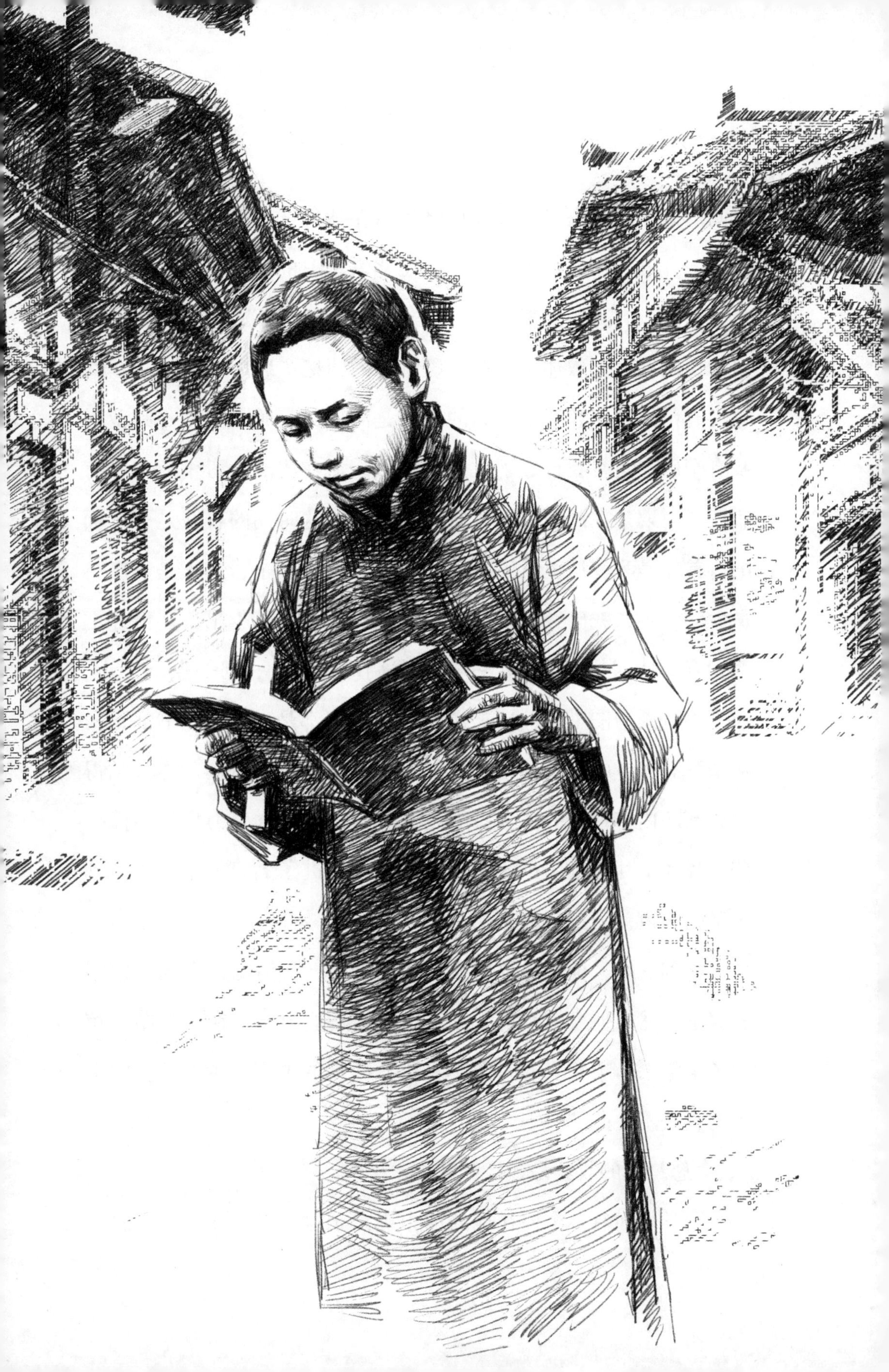

时间。几十年过去了，这段自修生活在他的记忆中还是特别鲜明的。一九五一年的秋天，几个正在北京学习的湖南第一师范的同学去看他，有人谈到第一师范的过去和现在的情况，他听了以后，以愉快的心情，叙述了这样一段难忘的回忆："我没有进过大学，也没有留过洋，我读书最久的地方是湖南第一师范。第一师范对我有帮助，它替我打好了文化的基础。但在我的学习生活中最有收获的时期是在湖南图书馆自学的半年。这时期的收获是多方面的，首先是我在这里读了从来没有读过的许多书，这正是辛亥革命后的一年，我已经十九岁了，不但没有读过几本书，连世界上究竟有些什么样的书，哪些书是我们应该读的，都一点不知道。及至走进湖南图书馆，楼上楼下满柜满架都是书，这些书都是我从来没有见过的，真不知应该从哪里读起。后来每读一本，觉得都有新的内容、新的体会，于是下决心要尽最大努力尽量多读一些。我就贪婪地读，拼命地读，正像牛闯进了人家的菜园，尝到了菜的味道，就拼命地吃个不停一样。"

讲到这里，他的话忽然停住，他笑了，听话的几个同学也跟着笑了。然后他又继续讲下去："我就是这个样子在湖南图书馆看了半年书，半年多的时间不算长，我读的书不算少，但我的最大的收获不在此。"

"您最大的收获是什么呢？"

同学中间有一个插在他的话中提出了这样的问题。他趁着这个时间燃起一支烟吸了几口，才又接着讲下去："最大的收获，恐怕要算思想认识的提高。说来也是笑话，我读过小学、中学，也当过兵，却不曾见过世界地图，因此就不知道世界有多大。湖南图书馆的墙壁上挂有一张世界大地图，我每天经过那里，总要站着看一看。过去我认为湘潭县大，湖南省更大，中国从古就称为天下，当然大得了不得！但从这个地图上看来，中国只占世界一小部分，湖南省更小，湘潭县在地图上没有看见，韶山当然更没有影子。世界原来有这么大！世界既大，人就一定特别多，这样多的人怎么过生活，不值得我们注意吗？从韶山冲的情况来看，那里的人都过着痛苦的生活，不是挨饿，就是挨冻，也有因为没有钱医病而活活病死的，也有交不起钱粮而被送进牢狱活活关死的，还有在家里乡里，乡邻间为着大小纠纷吵嘴、打架，闹得鸡犬不宁，甚至弄得投塘、吊头的。至于没有书读，做一世睁眼瞎子的，更要占百分之九十以上。在韶山冲我没有见到几个快活的人！韶山冲的情况是这样，全湘潭县、全湖南省、全中国、全世界，恐怕也是这样。我真怀疑，人生在世间，难道都是注定要过痛苦生活的吗？绝不！这是由于制度不好，政治不好，使世界上有人压迫人、人剥削人的现象，所以使世界上大多数的人都坠入痛苦的深渊。这是不合理的，这种不合理的现象是不应该永远存在的，是应该彻底推翻、彻底改造的，总有一天，世界会起变化，一切痛苦的人都会变成快乐的人、幸福的人。我因此想到：我们青年的责任真重大，我们应该做的事情真多。从这时候起，我决心要为中国痛苦的人、世界痛苦的人服务。"

第一师范是个好学校

一九一四年春季将要开学时，第四师范由于湖南教育司没有为它及时解决新建校舍和加租临时住宿的问题，停止招收新生。开学一星期后，又经湖南省议会议决，将长沙城里两个公立师范——第一师范与第四师范合并，第四师范全校师生都在一个晴朗的星期天迁入第一师范。创办刚刚一年的第四师范就这样结束了。

第一师范设于长沙城南书院坪的"城南书院"旧址。城南书院是南宋张栻讲学的地方，与朱熹讲学的岳麓书院（现湖南大学校址）隔江相望。他俩都是当时的理学大师，四方负笈来学的多至几千人。他俩常渡过湘江，互相访问、讨论。后来的人把他俩经常过渡的渡口叫朱张渡。他俩离开后，岳麓、城南两个书院继续保存下来，直到清朝末年一九〇五年废科举、兴学校以前，这两个书院仍是湖南两个有名的书院。次年，清政府就在长沙、常德、衡阳设立中路、西路、南路三所师范学校，中路师范就以城南书院为校址。一九一〇年，在长沙饥民闹事的革命风暴中，城南书院全部被焚毁。中路师范暂迁望麓园衡清试馆开学。辛亥革命后，中、西、南三路师范，改为第一、第二、第三师范。并就城南书院旧址新建第一师范校舍。一九一二年，新校舍落成，全校师生由衡清试馆迁入，从此，这个有着革命光荣传统的湖南第一师范，就在这个古代书院的废墟上绽放出灿烂的光辉。

这个第一师范新建的校舍，前面遥对岳麓山，后面紧接妙高峰，湘水从它的西方流向洞庭湖，粤汉铁路从它的东方通往长江和黄河流域的几个省。（当时湖南、广东间粤汉铁路的中段还未修通。）虽然离学校不远有几个新建的工厂，但就学校的整个地段来看，仍是隔离热闹的地带，靠近广大的农村。学生在校学习，不仅可以观赏自然景物，也能接触劳动人民的生活。同时校舍宽大，图书丰富，是一个适合青年学习的地方。

毛泽东同志转到第一师范后，被编入丁三班，后又改称第八班。他一直在第八班读到一九一八年夏天毕业的时候，整整四年半。（连第四师范的一年计算在内则为五年半。）①

——————

① 编者注：毛泽东于1913年春考入湖南第四师范，后跟随学校被并入第一师范。

这时是辛亥革命之后,教育规章有些新的改变。第一师范也采取了一些新一点的措施,提出以民本主义的精神进行教育,注重道德实践、身体活动和社会活动几方面的训练。在教学上,比较注重学生自主能力的培养。教师中有一些思想开明、"诲人不倦"的人物。学生多数来自寒素的家庭,生活朴素,勤于学习。毛泽东同志在校的四年多,就充分利用了这个环境,专心打好学习的基础,积极锻炼身体,认真探求人生真义和改造社会、挽救国家的根本道理,没有哪一天虚度过片刻光阴。他学习上的收获远在一般同学之上。后来他回忆这时候的情形,曾经这样告诉别人:"我在第一师范的生活中遭遇的事情是很多的。在这个时期中,我的政治观念开始形成,我也取得了初步的社会活动经验。"中华人民共和国成立后,他还对一个第一师范的旧同学说:"我没有进过大学,也不曾留过外洋,我的文化知识基础是在第一师范的几年建立起来的。第一师范是一个好学校。"

杨昌济先生

"给我印象最深的教员是杨昌济,一位从英国回来的留学生,他的生活后来和我有了极密切的关系。他教授伦理学,是一个唯心主义者,一个有高尚道德性格的人。他很坚定地信仰他的伦理学,努力灌输一种做公正的、道德的、正义的而有益于社会的人的志愿,给他的学生们。"毛泽东同志在延安回忆他在第一师范时期的教师时,对杨昌济先生有这样的叙述。

杨昌济先生号怀中,世居长沙东乡板仓,很多人称他为板仓先生。少时喜欢研究程朱理学。后留学日本东京高等师范和英国阿伯丁大学共九年,研究教育和哲学。对康德哲学,尤多心得。一九一一年回国时,适逢辛亥革命,湖南都督谭延闿想让他当教育司长,他没有答应。他想从教育入手,培植人才以救国,受聘到第一师范教修身教育学、伦理学和哲学概论，同时教湖南高等师范的修身课。直到一九一八年秋季受聘北京大学哲学系教伦理学，才离开第一师范。

杨先生虽然是一位信仰进化论的唯心主义者，过分夸大了主观能动性的作用，但他追求新思想、主张躬行实践的精神，对于当时受教育的青年的启发起了很大的积极作用。他对于毛泽东同志和他的几个挚友的影响尤其深远。他们几个人都紧密团结在杨先生的周围。当杨先生讲课时，他们非常用心地倾听，课后和星期天又常到他的家里请求解答问题、批改笔记，以及指示治学、做人、处事的道理。杨先生也孜孜不倦地对他们给以周详的指导和热情的鼓励。在师生相敬相爱的情形下，杨先生给他们的影响特别深，主要有这样几方面：

第一，杨先生教学生要有理想，要立大志。常说："破坏习惯我，实现理想我。""没有理想的人便是庸俗的人。"他经常劝告学生要有远大的理想，要精通一门学问技艺，认真做事，服务社会不为个人打算。他选录他的《达化斋日记》和《论语类钞》作为修身教材，也多勉人有理想、立大志的内容。如"所见大则所志大，所志大则所学大，所思大，所为大，斯为大人矣。所见小则所志小，所志小，则所学、所思小，所为小，斯为小人矣"，就是他在课堂里反复阐述发挥、引人注意的说法。

第二，杨先生教学生要坚强，要有毅力。《论语类钞》有这

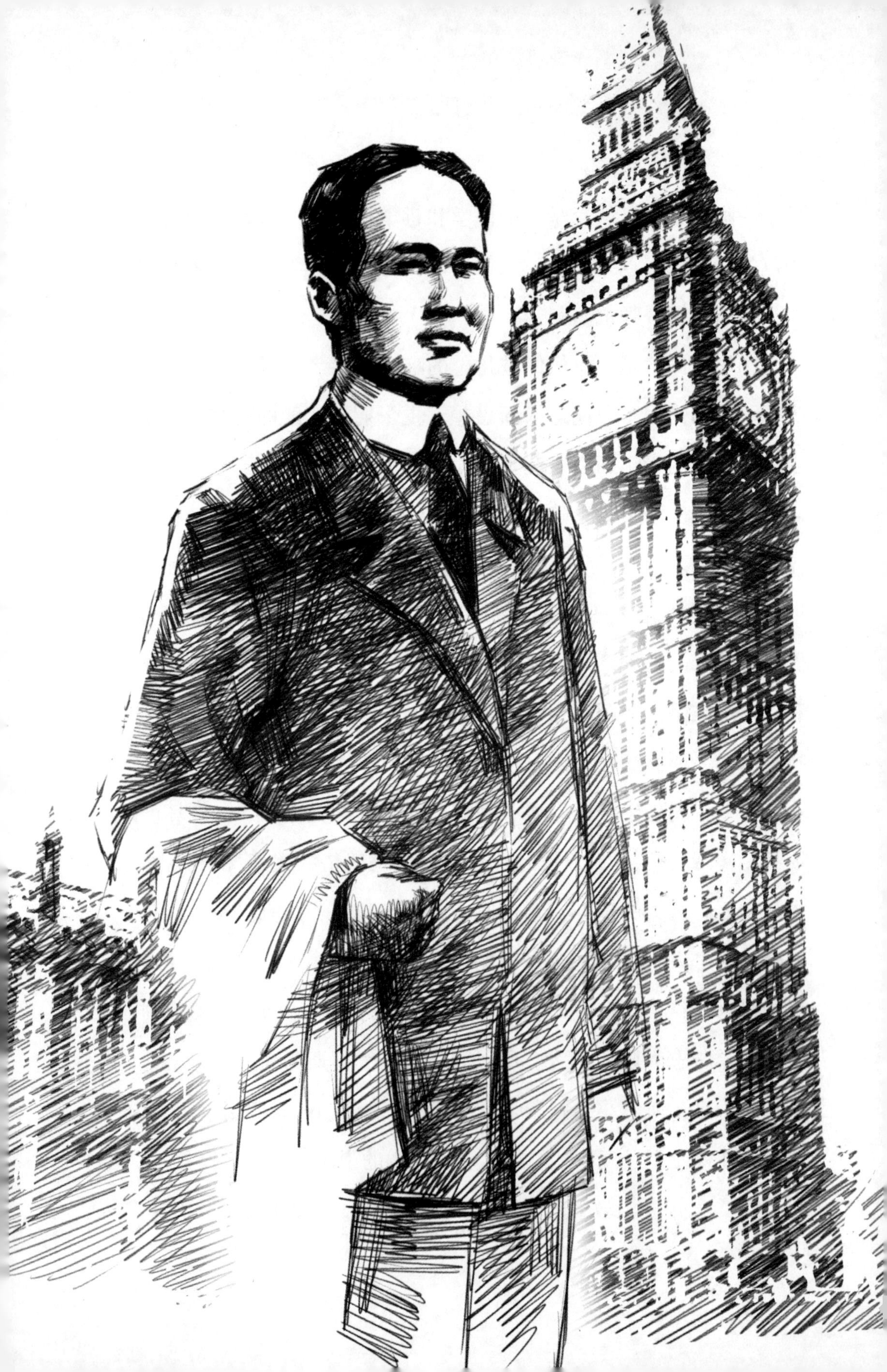

样的话："意志之强者，对于己身，则能抑制情欲之横恣；对于社会，则能抵抗权势之压迫。道德者克己之连续，人生者不断之竞争。有不可夺之志，则无不成矣。""牺牲己之利益可也，牺牲己之主义不可也。""古来殉道者，宁死而其志不可夺；反对之者，但能残虐其身体，不能羁束其灵魂。其志事虽暂挫于一时，而前仆后继，世界卒大受其影响。"他在课堂中常说："我没有过人的地方，只在坚忍二字上做了一些功夫，总是以久制胜。别人用几年做成的事情，我下决心用几十年时间去做，就不怕没有成功之日。"① 又说："天才高的人，有时反不如天才低的人有成就，这是由他们有没有毅力来决定的。"他又常举司马光著《资治通鉴》、达尔文著《进化论》、斯宾塞著《道德原理》，都是用了一二十年的功夫，始终坚持不辍，获得成功，以说明毅力的重要。

第三，是治学方法。杨先生认为学习必须又专又精，常用《论语》上面"由博返约"的道理教学生。他提倡"贯通今古、融合中西"与学有专长相结合。他又鼓励学生读好书、读新书，要常注意报纸上的书刊广告，寻求新出的好书来读。当《新青年》出版时，他即刻介绍给学生阅读。

第四，是练身方法。杨先生极重视青少年的体育活动。他提

---

① 编者注：原文为"吾无过人者，惟于'坚忍'二字颇为著力，常以久制胜；他人以数年为之者，吾以数十年为之，不患其不有成就也"，此处为作者用自己的话转述。

倡静坐、冷水浴、废止朝食、长途步行和参加体力劳动，他认为这些活动必须坚持不间断，才于身心健康有益。

第五，是办事方法。杨先生认为："凡办一事，须以全副精神注之，始能有成功而不致失败。人之精力有限，故任事不可过多；任事过多，则神散而力分，必至事事均办不好。"又说："凡人欲在社会建功立业者，宜深谋远虑，动之万全，不可孤行己意，不顾利害。"他举出王安石由于事先缺乏宣传，一味孤行己意，所以新法不成功，谭嗣同因深谋不够，所以不能制胜慈禧，终于失败。

杨先生对学生的影响之所以深远，还有一个重要原因，就是不但以"言教"，而且以"身教"。上面所举的五条，都是他几十年躬行实践的经验。他"好学不厌""诲人不倦"和坚毅、笃实、勇于追求新思想的精神，也深深地感动了他周围的学生，特别是毛泽东、蔡和森、陈昌、张昆弟诸同志。杨先生在他几十年从来没有间断过的《达化斋日记》里，也屡次提到这几个最器重的学生。他曾在黑板上写过一首对联，有"欲栽大木拄长天"的句子，同学们都能够想出大木指的是谁。一九二〇年，他在北京患重病，临危之前，写信给同乡好友托他照顾毛泽东、蔡和森两同志，中有"二子海内人才，前途远大"的话。他是始终深切关心他所培养的学生的！

永远没有满足的时候

  毛泽东同志虽然在少年到青年期间有一段不短的失学时间，但由于他刻苦自学，到进入第一师范时，新旧学都有了较好的基础，更有进一步扩大知识领域、拓展知识深度的强烈欲望。特别是由于他怀抱革新社会、改造中国和世界的远大理想，决心充分利用一切学习机会，从读书、读报中寻求救国救民的真理和途径。因此，他顽强、刻苦的学习精神不是一般人所能及的。

  他每天都能起得特别早，做完冷水浴和六段操各种运动之后，天还没有大亮，他就很迅速地走进了自修室。这时室内还辨不清字迹，他只好走到窗边，对着由窗口射进来的微弱晨光朗读他所爱好的古文，或学校里教授的英文。午休和课余时间，除做一部分必做的作业和参加学生会的活动以外，就是到阅报室看报，到图书室借书，到后山君子亭等处和同学们讨论问题。晚上自习的两个多小时，他总是凝神静气地读自己喜爱的哲学书和社会科学书。同学们全体就寝以后，他只要没有别的活动，就常常要在不熄的路灯底下看一阵书刊。

星期天是他最珍贵的时间。他常利用这天去游泳、去爬山、去听讲演、去买书刊、去访问师友。他挤出时间到板仓杨寓去看杨昌济先生，到饮马塘、储英园看蔡和森、何叔衡诸同志，也挤出时间去访问他所敬佩的一些教师和他认为有学问的人。这一天，他常赶不上学校开餐的时间，回校后就到食堂吃几碗冷饭，有时就索性饿着不吃。他是把解决知识饥荒问题看得比什么都重要的。

每次寒暑假结束，毛泽东同志总是带着微黑的面色、愉快的精神回到学校。有时和同学们畅谈他在家劳动和学习双丰收的事实：他利用了劳动的空闲，读他从学校里带回去的书；他又从贫苦农民中间了解了一些农村发生的情况和变化。

这几年中，毛泽东同志学习的兴趣很广泛，从文学、史学、哲学到政治学、经济学的书，他都多方搜罗阅读。古典文学方面除《韩昌黎全集》外的诗文多半能背诵外，也喜读《楚辞》《昭明文选》和陈同甫、顾亭林诸人的文章。史地方面除了读司马光的《资治通鉴》、颜祖禹的《读史方舆纪要》外，新出版的史地书，杂志上的史地资料，也多方找来浏览。哲学方面精心研读了鲍尔生的《伦理学原理》和杨昌济先生介绍给他的中外重要著作，

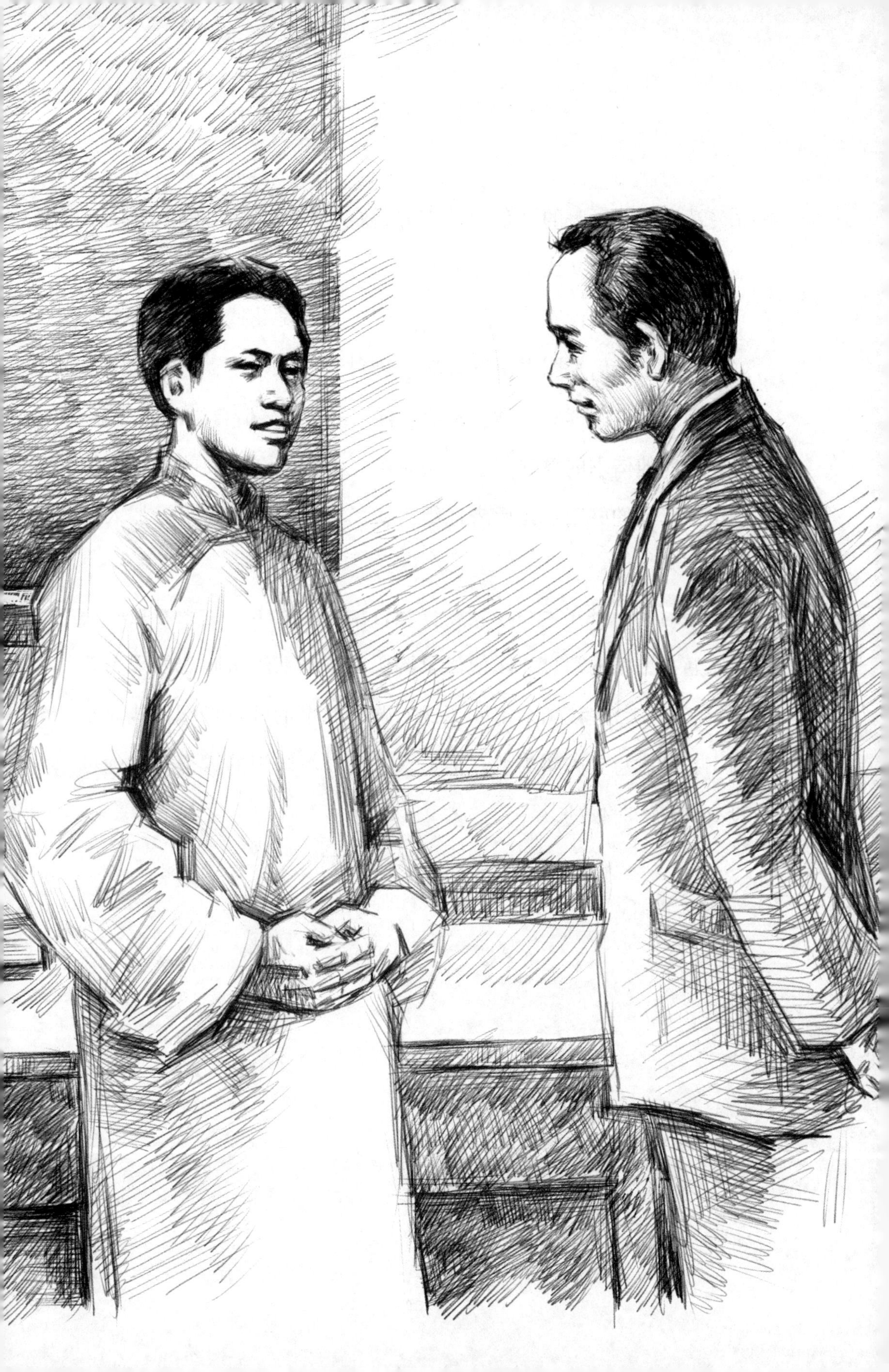

尤爱读谭嗣同所著的《仁学》。当时政治学、经济学的新书很少，他主要是看些中文译本的外国著作。

毛泽东同志没有钱买书，所买的古书多是花钱不多、版本不好的。他总是借来图书室的好版本书对着校对改正，费去了一部分时间。平日阅读的文学、政治、哲学书，也多借自学校图书室。一年中间他借书的次数最多。当时第一师范一个叫九熊的图书管理员成了他的好朋友，后来他组织新民学会时九熊是很早加入的一个。

这时杨昌济先生在校教教育和哲学，常教学生每天看报时要注意新书出版的消息，以便尽早购买阅读。毛泽东同志发现有新书出版时，就建议图书室购买或向购有此书的师友借阅，他对于新书新杂志总是先睹为快。他追求真理和新知识的欲望是永远也没有满足的时候的。

不动笔墨不看书

当毛泽东同志在第一师范学习时，徐特立同志也在校教各科教学法。他教学生学习必须认真，必须懂得深透，记住要点。为了达到这种要求，就不应该过于贪多图快。他向学生介绍自己的学习经验中有一条是"不动笔墨不看书"，意思就是我们读书时，要加圈点，要标出重点，要摘录精要处，要写读书笔记等，毛泽东同志认为这是一条值得学习的好经验。

毛泽东同志读书时用笔记本很多，课堂听课有讲堂录，课后自修有读书录，此外还有选抄本、摘录本、读报摘记、日记本等。日间在课堂听课，手里的笔常不停地记录要点，晚间在自修室中，阅读一段时间之后，常在笔记本上写他的心得体会和摘录一些重要的章节。在第一师范五年半的时间里，这些笔记本积累了一大网篮。这一大网篮的笔记本后来都被送回韶山家中。大革命失败后，一九二九年国民党反动派军队到韶山抄他的家。住在附近的族人为防止反动派的迫害，听到抄家风声后就把他存放在家中的书籍、报刊、笔记本，统统送到后山烧毁。有一个曾经在私塾教过毛泽东同志旧书的先生，从灰烬中抢救了一本笔记和两册学校所用的课本，中华人民共和国成立后，将其送到了中共湖南省委宣传部。

这本仅存的读书笔记是九行直线本，共四十七页，写了一万多个字。前面十一页是用小楷抄录的《离骚》和《九章》全文，眉头还注出各节提要；后面三十六页是听课时的讲堂录，记录的范围很广，涉及先秦哲学、楚辞、汉赋、史记、议书、唐宋古文、宋明理学，明末清初的思想家、文学家等。此外，还有历史上的大事和人物，以及外国人物如拿破仑、恺撒、福泽谕吉等的译论。凡他所爱读的古文，都分条记录每篇里的典故、辞义、精警词句和全文要旨，间或杂以议论。

凡他读过的书，只要书是自己的，书眉上总是写满了批语和提纲。杨昌济先生教"修身"时曾用商务印书馆出版的德国鲍尔生所著《伦理学原理》译本作教本，毛泽东同志在这本仅有十多万字的书的眉头上就用工整的小楷写了一万二千多个字的批语，而且全书逐字逐句都用毛笔加上圈、点、单杠、双杠、三角、叉号等符号，标记出书中要点或精当之处，便于复习和检阅。这本

《伦理学原理》，是毛泽东同志当时十分喜爱读的书。一九二一年以后，他住清水塘领导建党工作和工人运动时，桌上还放着这本书。书后来被第一师范一个同学借去，直到一九五〇年才还给他。他对把这本书还给他的同学说："我们当时学的尽是一派唯心论，偶然看到像这本书上唯物论的说法，虽然还不纯粹，还是心物二元论的哲学，已经感到很深的趣味，得了很大的启示，真使我心向往之了。"

好学好问

"学问二字连起来成一个名词是很有意义的。我们不但要好学，而且要好问。"毛泽东同志的这些话，是被他在校的实践所证明了的。

不论听讲、自学和看报，发现不太明确的地方，从名词、术语到实践、理论，毛泽东同志常常把这些记载在读书笔记或日记本上。课余饭后，常提出来和同学们研究讨论。得不到同学们圆满的解答时，就请教他所佩服的教师。

他从来不关心烦琐的验证，更不喜欢探讨奇闻轶事，提出来和人讨论的，多半是有关治乱、修身、济世的大道理。去板仓杨先生家请教的次数既多，质疑问难的范围也就很广泛，主要是治学方法、处事方法、历史人物、哲学思想和有关人生观、世界观的问题。

通过杨昌济先生的介绍，毛泽东同志和长沙、上海、北京的一些学校的个别教师建立了通讯的关系。有一个当时在北京高等师范教书的学者是毛泽东同志熟识了多年的人，从一九一五年到一九二〇年间，他们通讯很多，国家大事、求学方法、体格锻炼、哲学思潮、人生真义，都是他们讨论的问题。一九一五年十一月间，毛泽东同志听到这位学者受到袁世凯压制的传闻，很替他惋惜，就写了一封很恳切的信劝告他："方今恶声日高，正义蒙塞，士人丁此大厄，正当龙潜不见，以待有为，不可急图进取。"后来知传闻不确实，才放心了。

有一学期，班上来了一个姓汤的国文教员。他原来是在报馆当编辑的，讲课时能够联系中国和世界的形势，教给学生一些时事和知识。但对古书谈得太少，在教《左传》和六朝文时，讲解模糊，有时连字义也讲错了，同学们有意见。毛泽东同志常在课余时间找这位汤先生谈时事，交换对国内国外形势的一些看法。毛泽东同志告诉同学："汤先生教课虽有缺点，但他办过报纸，对时事还有一定的见解。他这种长处也未可一笔抹杀。"后来班上推代表向校长请改换这位汤先生，校长问毛泽东同志的意见，他表示不反对班上的要求，但如果换上一个没有一点新知识的老先生，倒不如不换好。他是觉得每一个人都有长处，只要自己虚心学习，就可以舍短取长，得到益处。

长沙城里有从外面来的名流学者,毛泽东同志探听到他们的住所后,就趁星期天独自一人去访问,向他们虚心请教,想从他们那里获得一些新知识,解决一些问题。访问回来,又和周围的同学谈论对被访问者的印象,说他们哪些意见很好,哪些说法还要再加研究。

多想一想

有人说毛泽东同志学习的方法是"四多",就是多读、多写、多问、多想;也有人说是"五多",就是除上面的四多外,还有多看(参加、游历等)的一多。不论"四多"或"五多",多想确实是他特别重视的学习方法。

当时的教育是死灌书本知识的教育,教师教学生多采取填鸭式的教学方法,在这种教育之下培养出来的学生,多半是以耳代目,以目代脑,一味迷信古人,迷信洋人,迷信教科书,迷信名流学者;每每笃信先生之言,奉之为衣钵真传,认为没有可以怀疑研究的余地。第一师范也多这类学生。毛泽东同志极反对这类人的学习方法,他常对周围的同学说:"古人的话、教师的话,和一切名流学者的话,不一定都对,所以我们读书看报、上课、听演讲，都要开动脑筋，多想一想。对的我们才接受，不对的我们就应该放弃。囫囵吞枣的办法最要不得！"

他自己的确就是善于独立思考、深入钻研的典范。

读《韩昌黎全集》时，凡是他认为道理对、文章好的地方就加圈加点，写上"此段颇精""此言甚合吾意"的批语；认为道理不对、文章不好的地方，就划叉划杠，写上"不通""此段非是"等批语。在《伦理学原理》一万二千多字的批语中，有的是一些比较简单的表示赞成、反对、怀疑的话，如"切论""此论甚精""此语甚切""此语与吾大合"和"诚不然""此节不甚当""此处又使予怀疑""吾意不应以此立说""此说终觉不完满"等，但大部分则是联系中外历史和先秦诸子、宋明理学，以及王船山、谭嗣同、梁启超诸人的学说，加以综合、比较，然后提出自己的见解，或者是把原著加以批判、引申，或者是借以发挥，逐渐形成系统的哲学思想、人生观、世界观、历史观等。他所发挥和批判的，很多都是崭新的思想，发前人之所未发。眉批的墨迹有两种到三种，有些地方对自己前面的批语又加以批判和补充，这就标志着他将这本书已经阅读了多遍，思考了多遍。从上述的事例中可以看出他对文学的批判、哲理的研究，都要通过他的独立思考，用一定的尺度来进行缜密的检验，一字不放松，丝毫不随便。他的学习态度始终是严肃认真的。

湖南一些研究王夫之学说的老先生，创设了一个船山学社，一月中要在社里举行几次船山学说讲座。毛泽东同志每每邀同学前去听讲，听讲回来，他又会和同学们谈论这一次讲学的内容，某点可取，某点有问题。

有一天，从上海回湖南看看家里的某名流，受第一师范校长的邀请，到校做了两个钟头的讲演。毛泽东同志很久以前就听过这个名流的大名，但这天听过讲演以后，觉得没有什么新东西，感到不满足。他知道第二天这位名流又将在船山学社讲演，就按时请假去听，想听到昨天没有听到的新东西，哪知竟大失所望。他听讲回校后，告诉同学们："他今天讲的就是昨天讲的，连字句都没有改变，这真叫作闻名不如见面！"

做了一次游学先生

　　理论联系实际，读书结合游览，也是毛泽东同志学习方法中最重要的一方面。他和人谈读书问题时，常说："我们要读活书，不要读死书，我们不但要读有字之书，而且要读无字之书。"

　　他最看不起那些"四体不勤，五谷不分"的读书人，认为那只是一些毫无用处的蛀书虫和手无缚鸡之力的白面书生，靠这些人来解决社会上的实际问题是没有希望的。他在读书笔记上曾经这样写道："农事不理，则不知稼穑之艰难；休其蚕织，则不知衣服之所自。"这就是说，学问必须作用于实际，能够作用于实际的学问，又必须从实践中去探求。"闭门求学，其学无用，欲从天下国家万事万物而学之，则汗漫九垓，遍游四宇尚已。"他很看重游历的作用，认为古人所称道的"司马迁览潇湘，登会稽，历昆仑，探禹穴，周览天下名山大川，而其襟怀乃益广""游者岂徒观览山水而已哉"等说法，是完全有事实根据的。"秀才不出门，能知天下事"，那只是骗人之谈。

一九一六年的夏天，学校已经放了暑假，毛泽东同志没有回家，邀了一个在长沙教小学的朋友，去做游学式的旅行。

两人从长沙动身，徒步游历了浏阳、平江、宁乡等五县。他们走过了许多热闹的市镇，也走过许多冷僻的村落，到一处就找那里的农民谈话，了解地主收租、农民交租的情况，了解农民生产生活的困难问题，了解土豪劣绅奴役、欺压和剥削劳动人民的真相。晚上住到旅店，也找店家攀谈，询问当地的风俗习惯和乡村中新发生的事情。他们谦和的态度，亲切的谈话，很快就受到农民、店家的欢迎。很多人把深藏在心里的悲苦和愤怒向他们倾吐出来。他们每天都接触一些新问题，获得一些新知识，这都是从书本上不能学到的。

他们没有带旅费，只带了包袱、雨伞和写对联用的纸笔。路上遇有机关、学校、商店等，就用他们带来的红纸，写上他们临时作的对联送出去。接受对联的就给他们一些钱，多的一吊、八百，少的三百、二百，不接受对联的有时也给几个铜圆。有的地方，还留他们吃饭、歇宿。他们就用这种旧社会上游学先生"打秋风"的办法解决了长途旅行的费用问题。

秋季开学时，毛泽东同志回到学校，白白的面色变黑了，精

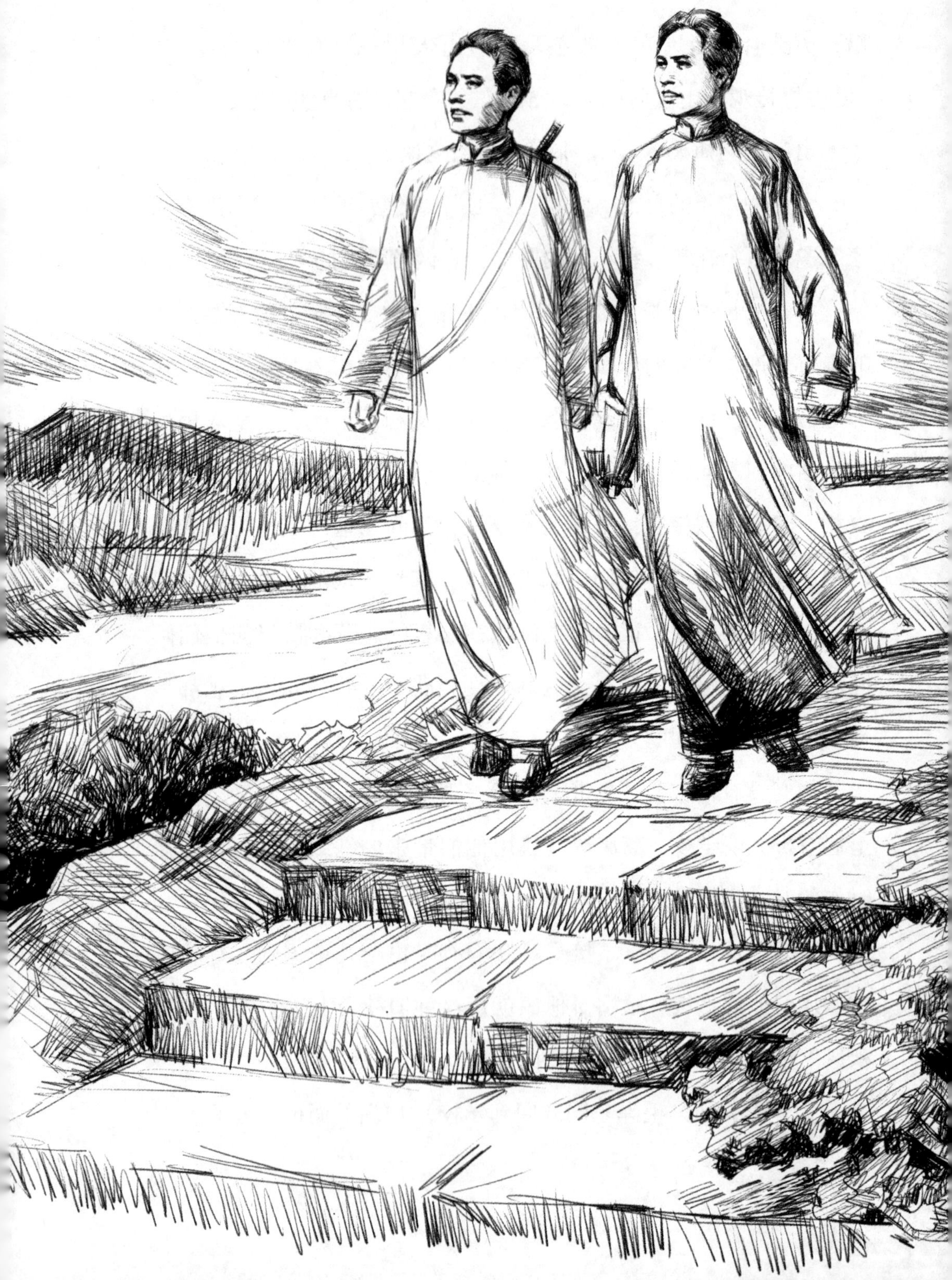

神却更显得饱满和愉快。他告诉同班的同学说："我做了一次游学先生。"由于这次长途旅行，既考察了农村情况，又收到了锻炼身体的效果，毛泽东同志觉得这是一举两得的好办法，就在第三年暑假中，又和蔡和森同志围绕着洞庭湖东岸和南岸，步行游历了几个县。

当他们从岳麓山刘家台子出发时，没有带包袱，只带一把雨伞，伞上缠着一条手巾，脚上穿着一双草鞋。蔡和森同志告诉蔡畅同志："两三天就回来。"但他们越来越觉得有意思，真是"欲罢不能"，终于游了一个多月才回家。

沿途到处访问农民，访问学校，也参观一些名胜古迹。毛泽东同志在路上写过几篇通讯，用生动、通俗而又风趣的文字，暴露社会上一些可耻、可笑、可恨的现象，寄给《湖南通俗教育报》发表，吸引了不少读者的注意。有一篇通讯是叙述他们在湘参观一个女学校的印象。那个女学校是一个顽固守旧、封建意识很浓厚的学校。那些校长、教员都是五十岁以上的髯子先生。毛泽东同志在他那篇通讯里写了这样一句意含讽刺的话："髯子的作用大矣哉！"

他们这次收获异常丰富的旅行，以回到岳麓山而告结束。当他们踏进蔡家的门时，虽全身污黑，但精神并不感觉到疲劳。两个人高兴地告诉蔡母："我们是到一处，吃一处。遇着寺庙，就进去和和尚谈天，遇着机关、学校，就给人家送字，我们完全学会了用游学先生的办法来解决吃饭问题。农民才见我们时，说我们不像平常送字的游学先生，又不像'大叫化'，也有人说我们有点像算八字的，摸不清我们究竟是什么人。等到他们和我们接谈以后，他们又欢迎我们，招待我们住宿、吃饭。"

  毛泽东同志本来打算还要在第二年暑假做第二次的游学式的旅行，但一九一八年六月间，他刚从第一师范毕业时，北洋军阀张敬尧、吴佩孚的兵打进了湖南，社会秩序十分混乱，他自己又忙于组织青年学生去法国勤工俭学，只好作罢。到一九二〇年，他邀了几个朋友乘船去洞庭湖，游历了洞庭湖沿岸的一些地方。

真是杂货担

"杂货担实在太重了,几时才能减轻呀!"第一师范的同学在被繁重的课业所苦时,好些人发出这样的叹息。

当时的教育制度主要是模仿日本和德国。课程的设置,不是根据社会生产、生活的需要和学生的全面发展、负担能力等方面来考虑的,而是"依样画葫芦"照外国的东西抄来的。外国有的固然要设,外国没有的还要加设。普通中学的课程多至二十门,师范学校的课程则更多更杂。就第一师范的课程粗粗计算一下,就可以数出三十多门,除设有普通中学所有的课程以外,还有师范学校特有的教育学、心理学、伦理学、教育史、各科教学法、哲学大意、法制概要、手工、游戏和教育参观、实习等。一学期要学二十多种学科,一天要上六七个小时的课,名之为"杂货担"，实不为过。

各科都有课外作业的布置，特别是做不完的数学习题，画不完的写生画、用器画，读不完的古文古诗，抄不完的各科笔记。资质高、基础好的学生还可以勉强应付，资质低、基础差的学生，就是把所有的休息时间都用在作业上面，也是费力不讨好。考试又特别多，月有月考，期有期考。而且每次考试，科科都要考遍。学生为了争取优秀成绩，只好临时抱佛脚，拼命"开夜车"。一次考试过后，大家面色苍白，神思恍惚，像害了一场大病一般。

这种现象的严重性是很明显的，但学校负责人并不注意它。他们认为教育就是教书，学习就是读书。他们对学生也讲三育并重，但不过是粉饰门面的欺人之谈。他们的实际行动，却是不断加多课业，加多考试，至于因负担过重而损害青年学生的健康，他们是不管的。

毛泽东同志深受这种教育之害，深感上课时间过多，妨害自学，妨害深入研究，同时也妨害学生的身体健康。他常对同学们说："我们学校的课程真糟糕！真是杂货担！"他在一九一五年写的《体育之研究》的文章中曾经对此提出严肃的批评："吾国学制，课程密如牛毛，虽成年之人，顽强之身，犹莫能举，况未成年者乎！况弱者乎！观其意，教者若特设此繁重之课，以困学生，蹂躏其身而残贼其生……此所谓贼夫人之子欤！"

对于这种不合理的现象，他不但在言论上表示反对，而且以行动表示抗议。每当同学课后都埋头伏案做沉重的数学习题时，他却走到阅览室看报，到操场打球；当同学"开夜车"紧张地复习课业，准备考试时，他却仍然继续搞他的冷水浴、六段运动；当同学正聚精会神思考答案很谨慎地做好试卷时，他却早已简单作答，交了试卷，走出教室去了。不合理的制度和习惯，从来都约束不了他！

毛泽东同志认为学习必须集中力量，突破重点，不应对所有各科，平均使用气力。他有自己的读书计划，每一个时期都有研究的中心问题。当他专门研究中国历史的时候，就把有关中国历史的书，不论新的旧的都找来，一本一本地认真阅读、研究，其他一些杂乱的功课就都不管了。集中研究哲学问题时也是这样。杨昌济先生教哲学概论期间，毛泽东同志花一大部分精力研究了唯心、唯物的学说，对人的主观能动性问题做了深入的研究。后来，把他这段时间学习的心得写成《心之力》一文，杨先生大加称赞，给了一百分。

在阅报室里

除开对文学、哲学和社会科学的研究兴趣很浓厚以外,一师时期的毛泽东同志对报纸杂志的阅读,也是天天不间断,越来越有兴趣。

第一师范自习室的西头有一间可以容纳多人的阅报室,湖南的、上海的、北京的有名报纸每天都要安置在报架上面。来这里看报的学生很多,而每天必到,一看就是两个钟头,又能特别注意分析国际国内形势的发展和变化的,却只有毛泽东同志一人。

他常利用饭后、课余和空闲时间去看报。他看报很认真仔细,有时一张报纸可以看上几个钟头;有时把地图带到阅报室,看看报纸,又看看地图;有时把报纸上面所见的各国城市、港口、江河、山岳的名称用中文写出,然后再把它们译成英文。他对同学说："这是一举三得的事，就是明了时事，熟悉地理，学习英文。"第一师范的同学尊他是"时事通"，如果有时事问题不明了的，找他一谈就解决了。如果在自修室、运动场找不到他，就常常在阅报室里可以找到他。晚饭后，星期天，他喜次和同学们谈时事，他分析本国和世界的政治、军事的形势，是那么详尽，是那么明晰，是那么有根据，特别是谈到列强如何侵略中国，中国为什么被侵略而不能抵抗，青年对救国应负什么责任时，同学们的情绪随着他有感染力的谈话时而兴奋，时而激昂，时而愤怒。

一个常常和毛泽东同志在一起看报的一师同学回忆当时的情景说："那时我是天天看报的，因为从报纸上可以找到我所爱好的诗歌、小说和小品集文。我每回到阅报室时，差不多都遇见毛主席也正在那里看报，但没有交谈过什么。有一个星期天，我从街上回学校，恰好和他走在一起，我们边走边谈，谈到国内时事，谈到欧洲大战的形势。他详细分析了奥太子怎样在塞尔维亚境内被杀，德国威廉第二怎样出兵，德俄、德法、德英怎样宣战，凡尔登如何难攻，美法如何联盟，美国如何参战发财，日本如何趁火打劫，提出灭亡中国的'二十一条'……他的话有时间，有地点，有充分的根据，使我听了又钦佩，又惭愧。同样天天看报，他分析得很清楚的问题，我却一点也说不出！从这里我们可以看出毛泽东在一师时，就一心一意想从事研究社会科学、研究时事问题，以寻求解决中国问题和世界问题的途径，把中国人民和世界人民从深重的苦难中解放出来。不像一般青年学生为寻求兴趣而看报，为寻求个人的出路而学习。"这段话确切说明了毛泽东同志读书和读报的目的。

毛泽东同志担任学友会文牍（秘书）和总务时，认真整理了阅报室，加订了省内省外一些比较好的报纸、杂志，将它们陈列得井井有条。同学们都感到阅览很便利。他很高兴地对同学们说："我们要把阅报室、图书室扩充到无限大，使人人都能看到各种各样的有益报纸，那就好了！"

有力的讽刺

　　毛泽东同志于一九一四年春就读于湖南第一师范学校以后，开始了他的体育运动的新阶段。但这时候的第一师范是一个注重文字教育、忽视体育运动的学校。学校对国文教员的选择很严，一定要聘请他们认为是饱学能文的老先生，这样选择的结果，大多数的国文教员是老胡子，是清朝的翰林、举人。学生在他们的教导下面，这个学韩文，那个学杜诗，这个讲话求桐城义法，那个模拟六朝风格。大家都想在诗文写作上出奇制胜，崭露头角。学校当局和教员似乎都这样认为：他们最大的责任就是教学生读文章、写文章，只要学生的文章读得多，写得好，就算完成了他们的教学任务。课程表上虽然排列了史、地、理、化、音乐、图画、体操等，却被认为是杂科，是配相的东西，特别是体操课。

学校里照例聘请了体育教员，在课表上又照例编排了体操、军事操和游戏的课，但究竟教什么，如何教，是不管的。聘来的体育教员又多半只是在上海一带的体育学校学习过一年半载，文化水平低，举止轻浮，语言鄙俗的人。学生瞧不起他们，不愿意接受他们的教导。他们学的技术本来就很有限，在他们的头脑中又压根儿没有提高学生健康水平、培养学生体育运动习惯的打算。上课时，只是教学生走步伐，变队形，玩木棒、哑铃、球杆一类的东西。一年到头，常常不离这老一套，完全没有什么变化。学生对这样的体操课，在上课以前就感到头痛，上课中间精神也不愉快，下了课以后，更是"貌悴神伤"。

课外的体育活动，由于场地不宽，领导不力，不能开展。但学校为了想在校际球赛中获得胜利，在省市运动会中夺取锦标，费了很多的力量训练了几个"球王队""选手队"，学校当局和体育教员对于这些球员只要求他们技术行，纪录高，其余一切不问。让他们不守作息制度，让他们大吃乱吃，让他们随意请假缺课。"搞体育可以不要讲卫生吗？""当上运动选手可以不守纪律吗？"同学们在一起散步时，常常把他们作为谈话的题材，并提出这样的疑问。

一九一七年，学校规定：每天上午两节课后实行十分钟的课间操。由于没有讲明它的意义，操法也过于死板，学生多不愿参加，参加了的人也是照口令表演，既没动思想，也不用气力。

学校一切装点门面、没有实益的体育活动，深深引起毛泽东同志的不满。一九一七年的秋天，学友会为了这年间先后死去的七个同学举行追悼，毛泽东同志写了一首"为何死了七个同学？只因不习十分间操"的挽联，引起了同学们的特别注意。大家知道，他这首挽联是对形式的课间操的讽刺，也是对流于形式的体操课和课外活动的讽刺。大家分明记得毛泽东同志曾多次批评过学校的体育活动："我们搞体育运动不是为了当选手，出风头，而是为了锻炼身体，增进健康。……我们学校的搞法要不得。""锻炼身体要有霸蛮精神，要有促进血液循环、强健筋骨的实际效果。现在我们上体育课，简直有点像玩把戏，没有多大意义！我觉得一切流于形式、没有实益的体育活动都应该反对。"这首挽联不过是借题发挥而已。

冷水浴

　　大地还在酣睡，全校几百个同学还在梦乡，锻炼身体成了习惯的毛泽东同志早已独自起床，去进行他每天早晨的第一课——冷水浴。他携带着一条罗布浴巾，走到靠近浴室的井边，用吊桶从井中吊上水来，随后把一桶一桶的水向脱去了衣服的身上淋去，再用浴巾洗擦全身。淋一阵，擦一阵，擦一阵，淋一阵……一直要洗上一二十分钟，使全身透红发热才停止。穿好衣服后，还要做几节简单的体操，运动一下肢体。等到天色微明，才入自修室读书。他最初实行冷水浴是在炎热的夏天，由夏到秋，由秋到冬，天气一天一天地冷下来，他的冷水浴却并没有停止。到了严冬，天空飞雪，池水成冰的时候，他的冷水浴也不因此而停止。从实行冷水浴那天起，一直到他从第一师范毕业，历时四年，没有一天间断过。

和他同时实行冷水浴的还有几个同学，他们的做法大概相同。当他们同在井边时，就将吊上来的井水，我淋你一桶，你又淋我一桶，互相淋洗之后，有时还一同做体操和其他活动。但这些同学多不能像他一样坚持不懈。有的做一晌，歇一晌，有的遇到天气太冷时就不来了。有一个姓曾的同学是足球健将，他也坚持了冷水浴。但因他忽视卫生，饮食毫无节制，每在球赛、长跑等激烈运动后，乱吃东西，有时用瓷面盆喝"豆腐脑"，后来生病死去。毛泽东同志却从没有因冷水浴着过凉，生过病。

"冷水浴究竟有什么好处？"同学们见他那么坚持冷水浴，多次向他提出这样的问题。

他说："冷水浴好处多，一来可以锻炼身体，因为它能促进血液的循环和皮肤的抵抗力，也就有助于使筋骨强健。二来可以练习勇猛和不畏。冬季天气严寒，清早起来就把冷水一桶一桶往身上泼，没有点勇气的人能做到吗？"

"我们觉得要在冬季搞冷水浴是很难的事情，你为什么能够坚持？是不是在其中也有些感觉难受呢？"同学们又问他。他说最初几次在很冷的早晨搞冷水浴是感觉难受的，但由于下定决心要突破这个难关，也就不那么怕冷了。一切锻炼身体的运动，要坚持不懈都不是容易的事情，但只要下决心坚持，不因困难间断，就会习惯成自然，不感到什么困难了。所以冷水浴和各种体育运动都有练习耐久，培养坚强意志、敢为精神的好处。重要问题在于坚持。

　　一九五一年冬天的一个深夜，几个将要出发到东北参观的教育工作者，见到了毛泽东同志。一个华中师范学院体育系的陈先生向他提到一个这样的问题："您现在还坚持冷水浴吗？"毛泽东同志说："冷水浴对锻炼身体的确有很好的效果。我虽因年纪大，不能正式搞冷水浴，但每天洗澡，不用热水，只在冷水中加一点热水，使水达到微温的程度，也不坐在浴盆中去洗，只用水淋到身上，再用毛巾用力洗擦。我觉得这样洗澡比一般洗澡的办法好得多。一般洗澡的办法只有清洁的作用，我这样洗澡的办法，除有清洁的作用外，还有锻炼身体的作用。"从毛主席那里出来后，陈先生很感慨地对同伴们说："毛主席的实行冷水浴可说四十年如一日，像我这个搞体育的人，还远远赶他不上哩！"

游泳在湘江

  入小学以前就有一定游泳技术的毛泽东同志，到了第一师范以后，因学校靠近湘江，游泳更加便利，他利用工作学习之便，经常和一些游泳已有基础的同学到南河港和牛头洲等处游泳。

  南河港在靠粤汉铁路的湘江边，离一师只有半里路。这里水清流缓，是一优点。但常有木排靠江岸停泊，游泳时要从木排上跳入离岸较远的深水中，初学游泳的人感到不方便，就是善于游泳的人，也容易发生危险。毛泽东同志来这里游泳时，必须和一些善于游泳的同学一道，以便互相照顾。有一次他在来回几次从木排边游到河中，又从河中游到木排时，气力已经支撑不住了，但距离上木排还差一小段距离，眼看要沉下去时，一位姓陈的同学从木排上跳下水去救护，才得脱险。此后，毛泽东同志更多到

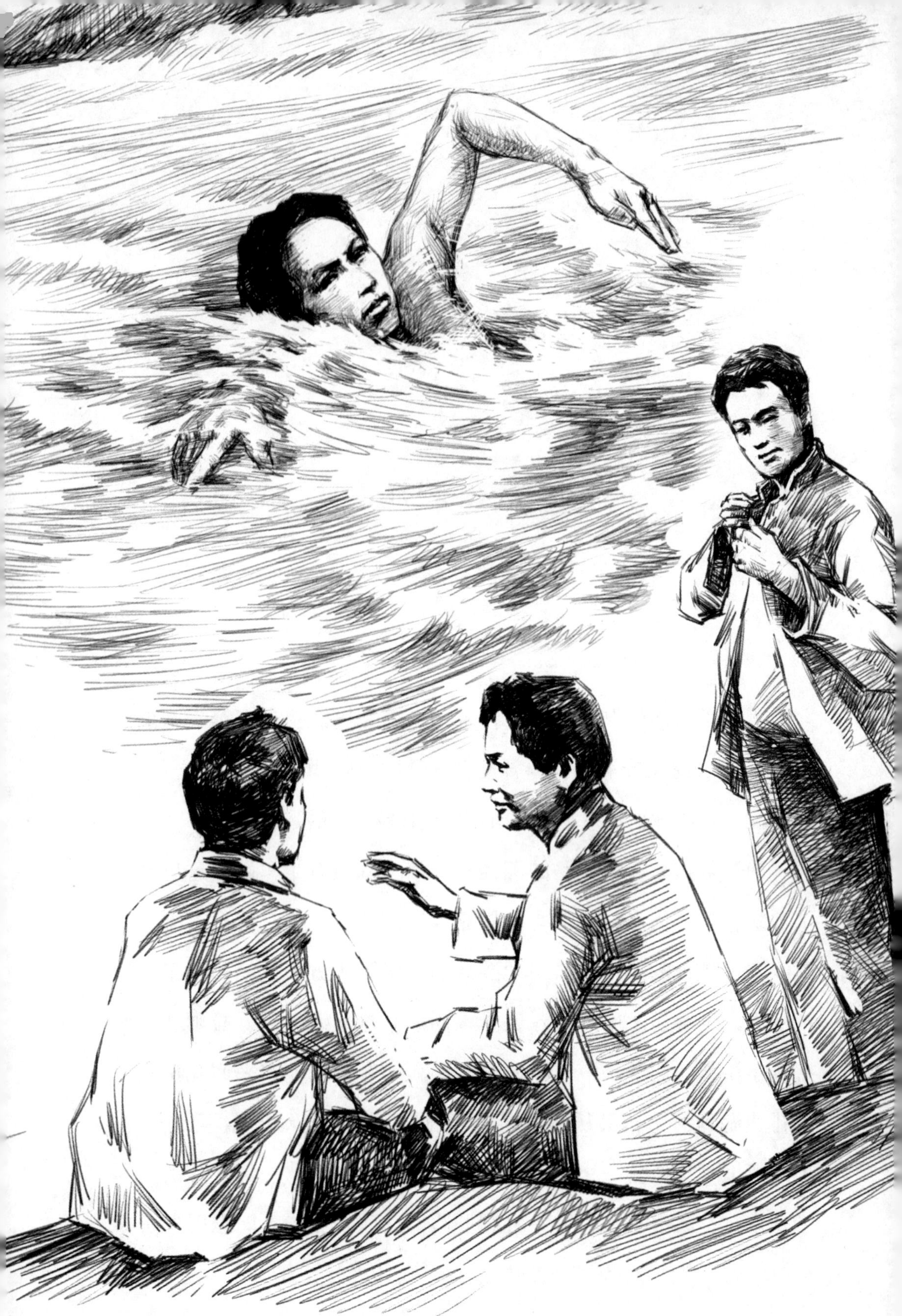

牛头洲去游泳。

牛头洲横亘在湘江中的水陆洲（又名橘子洲）的南端，由第一师范到这里要渡江，隔一师的路径也较远，这是一个缺点。但那里沙平水浅，是练习游泳较好的地方。毛泽东同志和一些好游泳的同学，隔不多久就要到这里游一次。到了他领导学友会工作时，就把这里辟为集体游泳的场地。

第一师范游泳队伍中，毛泽东同志和陈绍休同志的游泳技术最好，蛙式、侧泳、仰泳都行，尤能坚持耐久，他们能在湘江大水时从东岸游到相距三里左右的西岸，也能在天气寒冷，大家已着上棉衣时，在江中游上三四十分钟。

这时，毛泽东同志绝不认为自己是善于游泳的人，仍是虚心向别人学习。一九一八年的春天，在上海商务印书馆编书的李某因事回到长沙，毛泽东同志知他是善游的人，就通过一师教师的介绍，邀请李某到牛头洲作游泳表演，以便自己和同学都可以观摩学习。

一九一七年和一九一八年的两个暑假，毛泽东同志住在岳麓山的湖南大学筹备处。他和蔡和森、张昆弟诸同志每天都要到水陆洲边游泳。游泳后还不立即回住处，往往几个人盘坐沙滩谈话，直到太阳西下，才慢慢起身，踏上回山的道路。一路暝色迫人，凉风助语，身心俱爽。他们把游泳作为每天不可缺少的功课，也把游泳作为奔向人生大战场不可缺少的准备。

中华人民共和国成立后，毛泽东同志到长沙时，仍喜在湘江游泳，有一回在牛头洲前游泳后，还走上洲上的小学和那里的教师、学生谈话。有一回他从韶山回到长沙，汽车到达近水陆洲时，就在洲边下水游了几十分钟。

一九五五年的六月二十日，正值湘江水涨，他乘汽船从新河溯湘水而上，当将要到达猴子石时，他决定要在湘江中游泳一回。他想从猴子石向河西牌楼口横渡湘江，很多陪同他的人都劝阻他说："今天水太大了，最好不游。""从东岸到西岸，水面太宽，从来就没有人这样游过。"他笑着说："你们说外行话，庄子不是有这样的话么？水之积也不厚，则其负大舟也无力。水越小越浅越不好游，水越大越深越好游，你们怎么反讲水太大了？至于说水面太宽，也是过虑。我在几十年前就在这样宽的水面横渡过湘江。"

这一天，毛泽东同志终于再一次横渡了湘江。他从猴子石岸边入水，朝西岸的岳麓山的方向游去。时而侧泳，时而仰泳，觉得轻松不费气力。全身恰像安卧在微波软浪上面，让他平稳地舒缓地向前推进。他的目光还时时看到两岸的风光，看到天空的云朵，看到站在船上看他游泳的人。"累了吧！请上船休息"的呼声，几回从船上站立的人群中响起，但得到的回答是："不累就不要休息。"整整花了一个小时，终于到达了西岸，由牌楼口的下面登上汽车，向岳麓山驰去。在他爬上岳麓山的云麓宫休息进餐时，有人这样对他说："您是六十以上的人了，还是这样健康，还能像今天这样横渡湘江，这样登上岳麓，大大赛过了许多年轻的人。如果把今天的真实情况讲给青年们听，一定会使他们感到无比兴奋，认真向您学习！"他说："这算什么！爬山吧，仅仅这么一点短路。游水也不是件事情。我们不是每天都要走路么？游泳时有水的浮力帮助，比走路应该容易多了。但是游泳也容易出问题，不可粗心大意。我从前在第一师范学习游泳时，出过几次危险，不是同学救护，险些'出了洋'。"引得同桌的人都笑起来。

与天奋斗

有一天,毛泽东同志在他的日记上写道:"与天奋斗,其乐无穷,与地奋斗,其乐无穷,与人奋斗,其乐无穷。"与天奋斗,就是与自然斗争,进而战胜自然,控制自然,利用自然的意思。他在体育锻炼的实践中,也表现出了"与天奋斗"的精神。

在烈日炎炎的夏天,午休和课余时间,同学们都喜欢在寝室、自修室或树荫下面休息、谈天和看书,他有时却独自爬到学校后面的山上,赤膊在太阳底下走来走去。平日到水陆洲、牛头洲游泳时,也常于游泳后睡卧沙滩上让太阳晒照。晒照一阵之后,又跳入水中游泳一阵。让皮肤接触太阳,使之得到锻炼,他把这种活动叫作"日浴"。

时令已入寒冬,北风吹刮得很紧,他趁着这种时候,走到空旷的地方，脱去棉衫，穿着薄薄的衬衫让寒风直吹。在春暖花开的日子里，也喜欢在登山临水的时候，披襟当风。他叫这些活动作"风浴"。

学校后山上的操坪，平日常有同学到那里运动散步。下雨时，大家纷纷走入自修室，山上空无一人。他有时却留在那里，脱去身上的衣服让大雨淋洗。有一日为某同学所见，问他在做什么，他说："我在雨浴。"

有一年的暑假，毛泽东同志住在老岳麓书院的半学斋，与蔡和森同志住的刘家台子相隔不远。两人都喜在大风雷雨中爬山。他们从山下的爱晚亭爬上山顶的云麓宫，又从山上的云麓宫走到山下的爱晚亭，既不张伞，也不戴帽，让雨水淋透全身。常常就穿着这身湿透的衣服走到半学斋或刘家台子畅谈一会，才回到自己的住处。杨昌济先生有一次在别的学校讲演时向学生介绍了他们这种活动，说他们是学《书经》上面所载舜"纳于大麓，烈风雷雨弗迷"的故事，称赞这种活动有培养抵抗自然界和一切外界侵袭的勇气和意志的作用。

当时有些第一师范的同学不了解这些活动的意义和作用，见他们常让日晒、让风吹、让雨淋，觉得有些怪异，背后批评议论。但他们不管这些，继续与自然斗争，与一切大家认为可惧怕的威力斗争，收到了锻炼身体和锻炼意志的效果。

后来，他们的挚友张昆弟同志在日记上这样写道："蔡君盖锻炼意志锻炼身体者也。静坐，练心法也，运动，练体法也，冒风雨，冷水浴，练体法即练心法。大丈夫独患无身耳！体强心强，何事不可为？余知蔡君知所本也。"这才说明了他们这些活动的真正目的。

爱晚亭畔

岳麓山是长沙的风景区。云麓宫、白鹤泉、爱晚亭等处又是岳麓山树木最盛、游人最多的地方。特别是爱晚亭,尤为游人所喜爱。

它位于清风峡下,四时有清泉从亭旁流泻,淙淙有声。几百年的老枫树四面将亭拥抱。到深秋时,枫叶经霜,飞红吐艳,使游人目注神移。这个亭原名红叶亭。据说清朝一个有名的诗人袁子才曾经到此,嫌红叶亭这个名儿不雅,建议改名爱晚亭。我们只要读唐代诗人杜牧"停车坐爱枫林晚,霜月红于二月花"的诗句,就可以从这亭的命名想到这个地方的可爱了。

毛泽东同志在第一师范当学生时,也曾到过爱晚亭。因为隔了一条河,不能常到这里,但一到这里,便流连欣赏,不愿即刻离去。

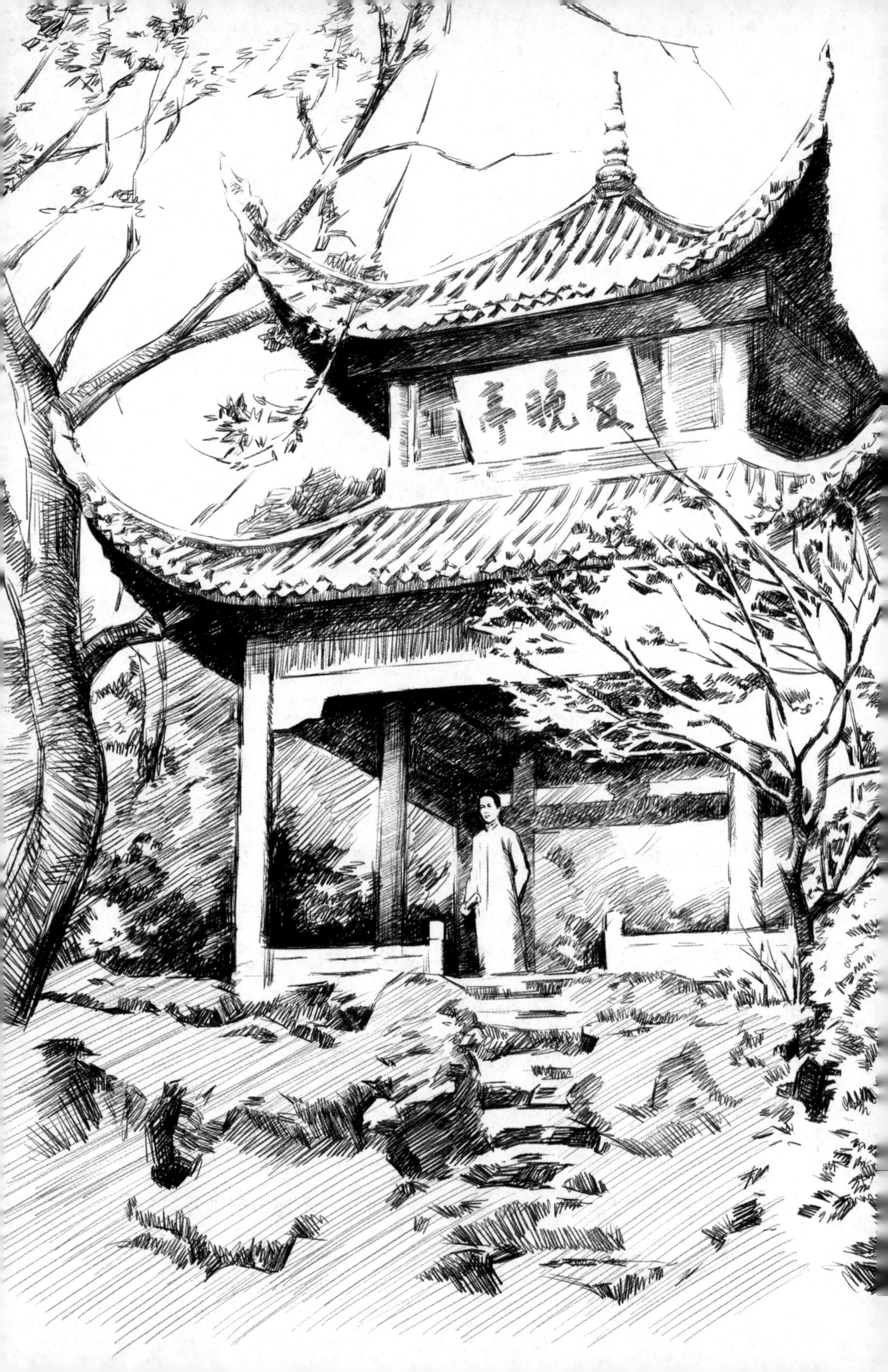
爱晚亭

一九一七年和一九一八年的暑假期间，毛泽东同志都寄住在爱晚亭前面不远的湖南大学筹备处，日中常到亭中看看，夜里也常到亭中露宿。

天色黝黑，游人已稀，他们几个露宿同志携着小小的草席子到达这里，乘凉、谈话每到深夜。到疲倦不愿再谈时，就在亭旁的草地上铺着席子露宿通宵。怕呼吸的空气不好，把席子铺得离彼此远远的。有时候，毛泽东同志独自一人到亭里露宿，以锻炼和考验自己的胆量。没有任何同伴，独自露宿在黑暗、寂静的深山中，一般人是会怕这怕那的，但他一点也不怕。

除在爱晚亭露宿外，毛泽东同志有时还在岳麓山的其他地方和学校后山的君子亭等处露宿。

同学们对他的露宿也有一些不同的看法，有的人总觉得他有些非常的、奇怪的行动，露宿也属于这类行动；有的人则认为他是在锻炼身体、锻炼意志、锻炼胆量，为担当繁杂的任务，参加艰苦的战斗做准备。后面这种看法当然是比较正确的。孟轲曾说过这样的话："天之将降大任于斯人也，必先苦其心志，劳其筋骨，饿其体肤，空乏其身，行拂乱其所为，所以动心忍性，增益其所不能。"他所实行的冷水浴、日光浴、风浴、雨浴和露宿，都的确收到了"增益其所不能"的效果。但究竟是他在学习古人呢？还是古人的话在替他的行为作注脚呢？大概也是后面的看法比较正确。

爬得高，望得远

一个第一师范第八班的王姓同学回忆和毛泽东同志一道爬山的情况，他这样写道："毛主席在一师时，学习第一，健康也第一，他作息有时，利用劳动当休息。平时不苟言笑，但谈及学问和时事又有说有笑，引人入胜。有一次他看了很多的书，忽然高兴邀我爬山。我们跑步跑到金盘岭上。他举目回顾之余，若有所思地笑道：'假使我们登到阿尔泰山的顶上，岂不是爬得更高，望得更远么？'说毕，又一口气跑回来。"

在第一师范的几年中，爬山的确是毛泽东同志喜爱的运动之一。他常利用休假和晚饭后的自由活动时间，爬上学校附近的山，如妙高峰、东瓜山、金盘岭、岳麓山，都踏遍了他的足迹。

他想，这些山都已爬熟了，看惯了，假如能走得远些看得多些，岂不更好！有一天，他和蔡和森、张昆弟两同志约好，决定去到长沙五十里外俯临湘水的昭山一游。

这是秋季开学不久的一个星期天，天气还很炎热。毛泽东同志和蔡、张二人吃过早饭就动身，沿着粤汉铁路向南走，经猴子石、新开铺才三十多里，已到了正午时分。这时天气更炎热了。他们就在路旁客栈休息，买了几大碗饭吃了。饭后稍息，又从客栈起身。走不到四里，见路旁有清且深的港河堤，他们就在这里洗了一个澡，才再向前进。

一路是迷人的山光水色、暮霭余霞。他们似乎没有注意这些，边走边谈，谈学习，谈修养，谈历史人物和世界形势。他们的心已奔驰到了冲决网罗①、斩除荆棘、改造社会的革命战场上。因此忘了烦热和疲劳，也忘了路途的远近，太阳快要下山的时候，才到达昭山，由山背缘石径爬到山上。

山上没有旅店，也没有可以借宿的人家，只有一个住有和尚的昭山寺，他们就前往寺里借宿。起初和尚不答应，他们就打算在树林中露宿。后来和尚见他们没有投宿的地方，同意了他们的要求，并替他们备了晚饭。

晚餐后，他们同到山下湘江中洗澡。洗澡后，上山入寺，还

---

① 编者注：这是谭嗣同在哲学著作《仁学》中提出的思想。他提出批判封建专制主义，"初当冲决利禄之网罗，次冲决俗学若考据、若词章之网罗，次冲决全球群学之网罗，次冲决君主之网罗，次冲决伦常之网罗，次冲决天之网罗，次冲决全球群教之网罗，终将冲决佛法之网罗"。

踏着树林中筛过来的月影，迎着从江上吹送来的阵阵凉风，继续谈他们没有谈完的问题，直到夜深才睡。

张昆弟同志在一九一七年九月六日的日记上描写了夜宿昭山的情景："……不久进寺，和尚带余辈至一客房，指旷床为宿处。并借余辈小被一块。房外有小楼一间，余辈至小楼纳凉，南风乱吹，三人语笑称善者久之。谈语颇久，甚相得也。"

像这样结伴的长途旅行，是他们认为很有意义、有趣味的活动。

六段运动

"自伤体弱,因欲研究卫生之术"的青年毛泽东同志,既不满意学校的体育教学,就决心研究有健身实效的体育运动方法。他参考了一些研究体育的书籍,并采取从小学以来在体操、武术和军事操练的实践中,自己认为有锻炼身体作用的那些部分,加以综合、变化,分成几段,试行练习。几年间,边研究,边实践,边改进,最后创造了一种六段运动。它的动作虽颇简单,但运动范围很广,包括了全身各部。它分为手部运动、足部运动、躯部运动、头部运动、打击运动、调节运动,共六段二十七节。

后来,毛泽东同志在他的文章中曾谈到他创造六段运动的经过。他说:"愚既粗涉各种运动,以其皆系外铄而无当于一己之心得,乃提挈各种运动之长,自成一种运动。得此运动之益,颇为不少。"的确，六段运动不是独自创造的，更不是沿袭别人的，而是根据一个人身体发展的需要，采集旧法，辅以新意，推陈出新地创造出来的。它的特点有三：一、使身体平均发展，手、足、头、躯干各部都得到适当运动，并用深呼吸张肺量；二、简单易行，不需要特设的场地，不需要任何设备，随时随地都可以进行运动；三、便于经常练习，每次运动花的时间很短，早起后、晚睡前都可以进行，便于经常练习，养成持久锻炼的习惯。

每天早起，冷水浴后，毛泽东同志每每在井旁空地上做六段运动的练习。晚自习结束后，同学们都已到寝室睡觉，他常到寝室旁的空坪中练习拳术和六段运动。在自修室读书太久的时候，他就坐在自己的位子上，将手用力向左右屈伸，再用两手打击腿部和胸部，又将头向左右转、前后屈伸，眼睛也闭上几分钟，然后再读书。在教室上课时，有时也运动头部和锤击手部及腿部。生活在集体中不妨害别人的学习和工作，可以进行运动，收到锻炼身体的实效，也是六段运动的一大优点。

体育之研究

　　一九一七年四月一日出版的《新青年》第三卷第二号上，以二十八画生为笔名发表的《体育之研究》，是毛泽东同志第一次正式为报刊写文章。这是一篇"以古今中外的丰富事例和唯物辩证的观点，对体育的各项基本问题进行了精辟的分析和研究"的文章。《毛泽东选集》虽然没有把这篇文章编写进去，但它在今天，仍然对每一个体育工作者和教育工作者有很大的指导作用，它是体育理论中一篇光辉的重要的文献。

　　当时毛泽东同志为什么要写这篇文章呢？他不是体育学校的学生，也没有做过体育工作，仅仅是一个师范学校的在读生。照常情来说，他是没有必要写这篇文章的。只因客观环境的驱迫，使他不得不研究体育，不得不写这篇文章。

当时的学生对学校的体育教学和设施，感觉不满，感觉头痛，但没有人敢说。

当时教育工作者对他们那一套所谓的德育和智育还有人研究，写过不少的文章，对他们所谓的美育也有人有研究的兴趣，蔡元培还写过以美育代宗教的大文哩。但对于体育，情况就不同了，很多人认为体育是小技薄艺，是"肌肉发达，头脑简单"的体育教员的事，不值得专家学者特别重视。

当时社会上流行的有关体育、卫生的小册子，有些是掺杂佛理的"因是子静坐法"一类的东西，有些是单讲运动技术的"八段锦"一类的东西。这些东西没有真正的科学理论根据，对青年运动的启发作用不大，有的甚至会把青年人引入旁门左道，有害无益。

青年毛泽东同志了解了这种情况，心情不安，越想越觉得不能置之不理。我们细读他作《体育之研究》一文中的"国力苶弱，武风不振，民族之体质，日趋轻细。此甚可忧之现象也""不佞深感体育之要，伤提倡者之不得其当……不自惭赧，贡其愚见，以资商榷"这几句话，就可看出他写这篇文章的动机，也可看出他这篇文章是不得不写的。

他这篇六千多字的文章，不是书本上的教条，不是主观臆造的空论，而是以实践作基础的，是理论联系实际的。他就亲自接受的学校教育，亲自试行的体育运动和他所了解的当时体育活动和体育书刊的得失利弊，加以分析研究，得出了初步的结论。然后详尽地、系统地提出自己对体育的意见,包括体育的意义,体育与人生的关系,体育的效果,不好运动的原因,运动的方法和应该注意的事项。最后介绍了他推陈出新、行之有效的六段操,供爱好体育运动者研究试行。这时他已完全运用了"实践——理论——实践"公式的精神来做体育研究工作,来写这一篇文章。

和他对待学习,对待生活,对待当时的政治问题、社会问题一样,他在研究体育和写这篇文章时,充分表现了破除迷信、敢想敢说的风格。批判颜子、贾生、王勃诸人不讲体育,短命而死,驳斥老聃无为、释氏寂灭、朱子主敬、陆子主静的不合理,破除了对古人的迷信。他反对风行一时的"因是子静坐法",对于素来尊敬的杨昌济先生所提倡的静坐,也是始于怀疑,终于反对。他明白地提出他的看法"天地盖唯有动而已",是破除了对名人的迷信。因此,他摆脱了一切旧框框的影响,在体育问题和教育问题上大胆地提出他创造性的重要主张。一、主张健康第一。他说:"体育于吾人实占第一之位置。体强壮而后学问道德之进修勇而收效远。""体者,为知识之载而为道德之寓者也。"二、主张全面发展。他说:"近人有言曰'文明其精神,野蛮其体魄',此言是也。"又举颜习斋言:"文武缺一岂道乎?"三、体育的目的不但在于长生,还在于护国,体育之效用,则在于强筋骨,增知识,调感情,强意志。四、体育运动,方法贵少,它应该注意有恒、注全力和蛮拙。

三不谈

　　课后做较长的时间的户外活动，晚饭后到校外空旷地方去散步，已经成了毛泽东同志当时每天的生活习惯。学校附近的金盘岭、猴子石、老龙潭、天心阁和湘江沿岸，就是他常常登临、眺望、游息、歌咏的地方。

　　他携着三五个同学，有时上石磴、坐草坡，有时踏枕木、临江岸，有时攀登山头阁顶。在这些地方，看到麓山绿树葱茏，湘水风帆上下，也看到园圃中长满肥嫩苗壮的蔬菜，田中铺满迎风摇动、碧波乱翻的禾苗，他们的心神感到豁然开朗，完全忘记了一天中钻研课业的疲劳和一切烦琐尘杂的想念。这时候，毛泽东同志常常对同学们谈读书心得，谈国内国外新发生的大事，谈得特别多的是历史上的人物，谈他们成功和失败的原因，谈他们在历史上的地位和价值。他那原原本本的叙述，深入浅出的分析，恰如其分的评价，诙谐幽默、带些特殊风趣的谈吐，深深吸引了同学们的注意，唯恐他不继续谈下去。

平常同学以学习中遇到的疑难问他，他总是尽他所知道的告诉同学。有些同学遇到不如意的事情，心情沉郁，思想上的疙瘩解不开，和他谈过一阵以后，觉得心里开朗了。对个人前途感到悲观失望的人，也从和他的谈话中得到了启发，明确了努力的方向和途径，增长了奋斗的勇气和力量。

在他周围的同学，由于和他长期接触，对他有了一个共同的看法：他是热心帮助别人的人，也是能谈善辩的人，但是有三样东西他是不谈的，那就是钱、家庭琐事和男女恋爱。就是和他同教室、同自修室、同寝室达三四年之久的同学，也从来没有听见他谈过这些问题。

有很多同学觉得他这个"三不谈"真是与众不同，因为他所不谈的，正是大家常谈的。于是有些人就提出各种不同的看法。有人说："这是受了杨昌济先生的影响，杨先生正是一句话也不乱说的人。"有人说："这是他志愿远大，不愿谈这些个人生活上的琐事，更不愿意让这些生活琐事妨碍他的进修。"也有人说："他讲究卫生，爱好运动，不谈这些琐事，可以使精神专一，胸襟开朗，也有益于健康。"

当时长沙有些学校的学生喜欢就同学的某些形象特点替人取

一个好笑的绰号，第一师范还没有这种坏风气。但有些同学谈到毛泽东同志时，不直呼他的姓名，而代以"圣人""伟人"或"毛圣人""毛伟人"。

为什么会有这样的称呼呢？

他饮食起居有规律，待人热情而谦和，在教室听课和在自修室读书时，常常是正襟危坐，不使身子欹斜倒伏，走路迈开稳重的大步，从来没有急促仓皇的样子。和别人谈话时，常常是认真听别人的意见，别人没有说完以前，不插话进去。在同学们看来，他的态度有些像"理学先生"。加以他的"三不谈"，更加深了同学们的这种看法，因此称他为"圣人"。按这些同志的意思，圣人就是最规矩最正派的人。

当时第一师范的学生，虽然都是贫苦家庭的子弟，但在那种封建教育下面，思想进步者是少数，绝大多数的学生，都是想学点书本知识和教课技能，希望毕业以后，能在社会上立足，能够在教育界混碗饭吃。他们看见毛泽东同志没有钱用不愁穷，没有衣穿穿破旧，别人认为是终身大事的婚姻问题、恋爱问题，他也绝口不谈。而读书看报，做笔记，写文章以及搞体育运动，他却孜孜不息。他所研究的是国家大事，所谈论的是国家大事，所结交的朋友，是关心国家大事的青年。这就和他们的所作所为大有差别。一方面觉得他有些奇怪，一方面也觉得他值得佩服，就有人作了一句这样的话来形容他,说他是"身无半文,心忧天下"。也就有人在背着他的时候,叫他"伟人"。

得票最多

一九一七年六月，第一师范举行了一次全校学生参加的人物互选。这是学校为了了解学生的学行真实情况新创的办法。这个办法把一个学生的学行，分为德育、智育、体育三方面。德育分敦品、自治、好学、克己、服务几项，智育分才具、言语、文学、科学、美育几项，体育分胆识、卫生、体操、竞技几项。每个人可以投三票，每票只选一人。选择时将被选人姓名和选好的项目，都写在选举票上。至少得五票以上才得当选。

这次十一个班学生共四百余人参加投票，当选的三十四人，以毛泽东同志得票最多。他得的票包括敦品、自治、文学、言语、才具、胆识六个项目，也比别人最多只有四个项目的超出很远。并且言语、胆识两个项目，除毛泽东同志外，别人无一个得票的。

互选结果经学校公布后，同学们顿时就议论开了。有的说："多数人的意见是正确的意见，毛泽东得票最多，的确是应该的。"有的说："毛泽东的票应该有好学的一个项目，为什么没有呢？他的勤学苦练是超过一般同学的。"也还有人说："我们的毛伟人真有咬菜根的精神，不讲吃，不讲穿，也从不考虑自己的前途。心里想的，口头谈的，都是怎样改造社会、国家的问题。像他这样抱雄心大志的人，可惜人物互选的项目就没有哪个项目包括得了！"

当时，除杨昌济先生外，其他了解毛泽东同志较深的教师，如徐特立、方维夏、袁仲谦、王季范诸先生，对他得票独多并不感到惊奇，且对于只有他一个人得到胆识的票，认为同学们的看法是不错的。几年来，他在校内校外的各种活动中，的确已经给全校教师和同学留下了异乎常人的深刻印象。

冬天用加法，夏天用减法

　　毛泽东同志从幼年时候起，就一直过着勤劳朴素的生活。

　　在东山小学时，同学们多是地主、商人的儿子，穿长袍系腰带，脚上穿的也多是球鞋。毛泽东同志却穿着他的布裤褂，除开买文具书籍外，不多用一个钱。

　　从一九一一年入湘乡驻省中学后，他在长沙读书前后达八年之久，总共只用了两百多块钱。这些钱一部分用于学费、伙食费，一部分用于买书和订购报纸杂志，用于生活费用的只占最小的比例。在第一师范的几年中，因学校不收一切费用，他用的钱也特别少。

　　当时第一师范的学生一般都穷，衣服鞋袜穿得比别的学校的学生朴素得多。某年春季，全省学生运动会在长沙举行，有一家报馆记者曾经这样报道:"昨天参加全省运动会的学生,第一师范一队的特点是别的队所没有的,就是全队中没有一个穿皮鞋和球鞋的人。"

不但学生,教师中也有一些倡导节约,过着俭薄、刻苦的生活的人。徐特立同志尤为突出。他常布衣粗食,每天从七八里外步行到校教课。即在雨雪时,也是钉鞋雨伞,冒雨冲风,从来就不像当时一些教师那样乘车坐轿。他常教学生,生活俭薄,不仅可以省钱,还可以锻炼意志,使人精神振奋、向上。

毛泽东同志在这样朴素成风的环境里,仍是比一般同学更为朴素的一个。五年的时间不算短,他从来没有上馆子吃过东西,没有进戏院看过戏,也没有坐过一回人力车。除开买学习用品和生活必需品外,没有用过一个钱。星期天外出,如回校稍迟,没有赶上开餐的时刻,有些同学要到厨房去热菜,到街上买菜才吃饭,他却走进食堂,从饭桶中盛几碗冷饭就吃个饱。一身学校配发的青色呢制服,穿了四年多,穿了孔,变了色,还是补缀复补缀地穿。将毕业时和毕业后的几年中,不论冬夏,他常穿一件灰大布长衣,一条白大布单衫,不过冬天在灰衣白衫内穿一些旧衣衫,夏天减去内面的旧衣衫而已。一些和他亲近的同学,每每同他开玩笑:"你的算术运用得好,冬天你就用加法,夏天你就用减法。"一床又薄又硬的蓝布旧套被,从入校之日起,一直用到毕业,用到毕业后若干年。这是他的朋友都记得很清楚的事。他第一次到北京做留法勤工俭学活动，第二次到北京请愿驱逐张敬尧，以及在长沙修业小学教书和在一师附小做主事时，都仍然是用的这床旧套被。到了冬天套被完全不能御寒保暖，他也不想法子更换。平日穿的鞋袜也多是破旧的。他全不留心这些。他是决不肯为安排个人生活琐事而耗费他的精力和时间的。

　　这些时候，他的脑力和时间都用在学习和体育锻炼上面，用在学校服务和社会活动上面。他为了开展学友会的活动，为了开办工人夜校，为了成立新民学会，为了组织湖南青年参加留法勤工俭学运动，常常是日间吃不上饭，晚上睡不上觉，也常常是油鞋雨伞，东奔西跑，更常常是穿着破衣破鞋去走访那些学者名流。为了帮助青年学生和劳动人民解决一些困难问题，为了寻求改造中国的途径，他投入了全部的精神和力量。个人的生活问题，他根本不放在心上，也完全没有工夫去加以考虑。

三个校长

　　这是第一师范学生对毛泽东同志的共同认识：他是关心别人、尊重别人，并且谦和有礼貌的人。但是对于那些满口仁义道德的伪君子，他是十分鄙视的；遇到了那些不合理的事情，特别是封建压迫，他是决不容忍迁就的。凡他认为在道理上应该反对的事情，就决不妥协，常常挺身而出，斗争到底。在第一师范时，他曾经反对不满意的校长和教员，反对帝制，直接同北洋军阀做斗争，就是很具体的表现。这里叙述他反对几个校长的简单故事。

　　第一次是反对张校长。一九一五年的六月间，第一师范爆发了反对校长的罢课风潮。原来学生早就不满意张校长，但没有找到一个爆发风潮的契机。那一天，学生见报载省议会议决，全省师范学校从这年秋季起，每生每期征收杂费十元。当时就有学生这样说:"政府并不一定要征收我们师范生的杂费,这是张校长为了讨好政府建的议。"这话顿时传遍了全校,大家信以为真,酝酿对付办法。当夜以第九、第十两班为主干的反张罢课的中心组织就草拟了反对校长的宣言,清晨宣言发出,全校罢课。

毛泽东同志平日也不满意张校长。在他的心目中,张校长能说能做,有才干,年纪还只有三十岁,精力又很充沛,但没有用全副精神来办学校,却喜讲交际、结交官府,是一个想向上爬的人。罢课风潮的爆发,事先他并没有参与,看到只经过一夜的准备,就很有组织地罢了课,觉得同学们做得快,做得好。但他看完罢课宣言时,认为内容不够恰当,对旁边一个同学说:"我们反对张校长,是反对他办坏了我们的学校,有亏校长职责。这个宣言却多从他薄待兄嫂、不顾家庭等私人方面说话,没有打中要害,要不得!我们去另写一篇,你看怎么样?"那个同学胆小怕事,不敢答应。他就独自一个人走到学校后山的君子亭内,很快地写成了一篇四千多字的宣言,嘱班上一个王姓同学送交风潮的主持人。大家认为这篇文章,有事实,有分析,文笔强劲有力,比原来那篇好多了,立即派人坐守在印刷店连夜排印,清晨带回学校分发。

这次风潮的结果,校长被撤换,学生也被开除十七人。毛泽东同志原来也列在被开除的名单内,由于杨昌济、王季范等几个教师的力争,才保留了学籍。

又一次是反对孔校长。孔昭绶任第一师范校长的时间比较长，做事比较认真，毛泽东同志原来对他的看法比较好。一九一六年秋季，孔校长接受同学们的建议，用自愿参加的办法组织学生劳动队，在后山开辟新操场。毛泽东同志首先拥护这个决定，报名参加劳动队，用自己的劳动热情和积极行动，带动了其他同学，在很短的时间内就修成了一个宽广合用的新操场。当劳动紧张的时候，孔校长也脱去长衣，参加挖土运土的劳动，毛泽东同志认为他没有校长架子，对他更有好感。

后来，毛泽东同志从一些事情中看出孔校长的矫揉造作、粉饰场面的作风，逐渐对他不满。特别是孔校长一怒之下开除了一个不应开除的学生，更引起毛泽东同志的愤慨。

学校举行国文会考时，二年级一个姓周的学生因要到厕所小便，没有得到监考员的同意，就离开试场几分钟，受到学校试卷作废和记大过的处分。这个同学心里不服，在黑板上写了"孔昭绶是沽名钓誉的人"几个字。孔校长大怒，立即挂牌开除了他的学籍。毛泽东同志认为这是对青年学生的残酷迫害，孔校长做得太没有道理了，他愤愤不平地向同学们揭穿孔校长的假面具，说孔校长喜欢做作，喜欢装名士，不是诚恳老实的人。

还有一次是反对武校长。武绍程是一个很糟糕的校长。他拥护帝制，参加"筹安""劝进"的活动，极为学生所不满。他在校长任内，学校纪律松弛，教学工作也显得特别混乱。毛泽东同志既鄙薄他的为人，又不愿意长久处在这样一个"程度太低，俦侣太恶""意志不自由"的学校，使"有用之身、宝贵之时日，逐渐催落，以衰以逝"（一九一五年十一月九日给黎锦熙信中语），所以决心要离开这个学校，另找一个读书之地。

一天早晨自习时，他告诉坐在旁边的同学："昨夜下自习后，我三次到校长室门外，我是觉得这里太糟，想向校长要求退学。但我又想，天下乌鸦一般黑，所以三次到了门边，三次都没有踏进门去。但是难说，我将来不会从这里退学出去。"

何必这样骂人

毛泽东同志对袁吉六先生有尊重的地方，就是他教书认真负责，关心学生学习的进步；也有反对他的地方，就是他思想陈旧，固执个人偏见，对学生和工友太严厉。

这是秋季开学不久的时候，教室外面的梧桐树间歇地飘落几片黄叶，微凉的西风从窗户里吹来，阵阵掠过坐在教室中的学生身上。第八班下午连续两堂作文课，这时开始了。

上课铃声停止，袁吉六先生慢慢走进了教室。他照例把携带着的别班的一卷作文课卷摆放在讲台上，然后再在黑匣子板上写了今天的作文题目，他把题目的要点交代几句后，就坐下来批改他带来的课卷。大约二十分钟过去了，他觉得有点疲倦，就放下批改课卷的笔，起身走下讲台，到学生座位行中去巡视。走到毛泽东同志身旁，看见他在作文题下写了"某年、月、日本学期第一次作文"的小注，很不满意地对他说："我的题目上没有的就不许写上，这页文章要重抄！"毛泽东同志没有接受他的这种"命令"，一声不响地继续写下去，等到他第二次起身巡视时，毛泽东同志的文章已经写了两页多。他发现毛泽东同志并没有按照他的命令去做，即拿起作文本，怒气冲冲地撕去了这几页已经写成的文章。毛泽东同志火了，从座位上站起来，质问他为什么这样粗暴，并要和他到校长办公室去讲理。等到袁默默无言地离开后，毛泽东同志才坐下来，先抄好被撕去的几页文章，再续成没有写完的一部分，题目下面仍然写上"某年、月、日本学期第一次作文"的小注。

第二年的四月间，又发生了一回这样的事情：某天晚上，同学们下了自习，经过袁吉六先生住房前进入寝室时，听见袁正在高声骂人。很多同学都走进了袁的住室，看见被骂的是一个工人，袁怪他做错了事，骂得特别凶恶。毛泽东同志后到，大声对袁说："何必这样骂人！有事可以好好说话。这样凶恶地骂人是一点道德也没有的！"袁起身看见批评自己的是毛泽东同志，不知怎样回答，只用恼怒的眼光送走了他的背影。

反对袁皇帝

一九一四年到一九一五年间，袁世凯为了要过皇帝瘾，唆使他的喽啰们串演"筹安""劝进""改元"等一系列滑稽戏，使中国天空到处被一层层的乌烟瘴气笼罩着。

湖南省在袁世凯的走狗汤芗铭的统治下，一些不知羞耻的学痞文妖，如叶德辉、符定一，很热心地组织筹安分会，草拟劝进表彰，大家攀龙附凤，争做"厂长臣""局长臣""校长臣"。

一时群小竞逐，邪气上升。教育界一些思想进步的和富有正义感的人都坚决反对帝制运动。船山学社的一些老先生在讲学时对"筹安""劝进"的闹剧，也不断进行揭露和批判。长沙城里展开了拥护帝制和反对帝制的尖锐斗争。

第一师范教师队伍中也有拥护帝制和反对帝制的两派，学生虽然没有人公然赞成帝制，但也没有强烈地表示反对，对帝制派的教员的荒谬宣传，不能理直气壮地加以驳斥。毛泽东同志看到这种情况，认为是由于认识不高、是非不明，必须迅速加以启发，使大家懂得帝制的危害性和袁世凯出卖国家权利，借外援来达到恢复帝制目的的滔天罪行，才能从思想上团结起来，坚决反对学校里的帝制派教员，使正气上升、邪气下降。他这时担任学友会的文牍，费了几夜工夫从报纸上选出了梁启超的《异哉所谓国体问题者》一类反对帝制的几篇主要文章，编成一个《汤康梁三先生之时局痛言》的小册子，印发给全校同学和长沙城里各学校各机关。读了这个小册子的人，认识比较明确，反对帝制运动的浪潮更为高涨。在一师就出现了学生反对帝制派教员的种种活动。

一个教法制的教员廖名缙，是船山学社的社员。他在船山学社讲学时，表示反对帝制，但在第一师范教课时，却说共和制度不适合中国国情，引起学生的愤慨和反对。那时徐特立同志在校教课，学生把廖的种种谬论向他投诉，要求设法驳斥。徐特立同志经过考虑后，以一学生的名义写了一封信给廖。信里有这样几句话："先生在船山学社反对帝制，在第一师范鼓吹帝制，一人之身，两种面目，吾等处积威之下，无以为报，将来有机会之时，当不忘先生之赐也！"廖得信后，还不知羞耻地要求学校查究写信的学生，但从此以后，心里有些畏忌，不敢公然向学生谈帝制问题了。

一个姓覃的地理教员，也是劝进分子。一天在他走进教室上课时，学生要求他说明主张帝制的理由，覃嗫嚅地说："帝制运动不是几个人的事情，纵然我不参加，帝制仍然是要进行的。"刚说到这里，就有一个学生站起来驳斥，他说："你这话不对，假如你不参加，表示中国还有一个人，岂不很好！"覃顿时面红耳赤，不敢再出声。

类似这样的事情，当时还发生了好几次。

很多同学都了解，这是与毛泽东同志编的那个小册子产生的巨大影响分不开的，因此都这样称赞他："我们只知道暗地里骂，就没有想到如何去做才会产生巨大的影响。"

后来汤芗铭得到第一师范反对帝制的密报，派了军警到学校检查，搜遍了学校的书籍和行李。但由于毛泽东同志领导同学早做了准备，结果并没有查出什么可疑的东西。

一身都是胆

一九一六年的秋天，第一师范为了执行当时教育部实施国民教育的命令，组织学生志愿军，使学生受简单的军事训练。全校编了一个营，由军事教员任营长，营以下有连、排、班，选择学生充任连长、排长和班长。毛泽东同志当时被选为连长。他对北洋军阀政府所提出的国民教育是不满意的，对于志愿军这个任务却愿意接受。他对同学说："我们青年学生要准备保卫自己的国家，要准备参加革命，应该能文能武，应该学习军事。"学生志愿军在他的影响带动下，大家积极操练，学了一些军事技能。

这是南北军阀连年混战的年代。湖南地处冲要，又有粤汉铁路通过，为南北两方必争之地，因此遭受兵祸也特别惨烈。不论城市、农村，不论穷人、富室，天天都有被抢被烧被屠杀的危险。

第一师范在长沙城南,靠近粤汉铁路,长沙附近一有战争发生,就会首先受到惊动和骚扰。

一九一七年十一月,湖南督军北洋军阀傅良佐被桂系军阀谭浩明赶走了。但谭的部队还远在衡阳、衡山、邵阳、湘乡一带,不能很快就赶到长沙。长沙城里没有一支军队,仅靠力量很弱的警察维持秩序。第一师范的师生担心发生事故,全校惶恐不安。

这一天午餐之后,忽然听到一个消息,北军第八师王汝贤的部队正由株洲、湘潭一带向长沙溃退,已经到了离校只有两里的猴子石附近。但因不知长沙城内的虚实,不敢继续前进,停留在那里休息,兼到附近民家抢饭吃。这消息顿时使全校陷入紧张慌乱之中。这时正领导全校学生志愿军日夜巡查全校、警觉非常的毛泽东同志,探听了北军向长沙溃退的消息,怕他们闯进长沙,使学校、商店和居民都遭到焚烧、抢劫等严重的灾难。他觉得不能坐视不理,同时他根据所得情报,知道这些溃退的北军又饥饿,又疲惫,又惊慌,又不知广西军队有没有开进长沙,觉得可以设法把他们赶跑。他急忙组织志愿军中胆大的同学百多人,作为阻击溃兵的基本队伍,持着平日操练用的木枪作武器。毛泽东同志又亲自与南区警察分局联络,派一部分持枪的警察作先行,于暮色苍茫中,整队开赴相隔只有半里的金盘岭上俯瞰溃军。全部到达后,毛泽东同志叫警察向天空鸣放了几排枪,持木枪的学生志愿军放爆竹,并齐声呼喊:"傅良佐走了,广西军已经进了长沙,

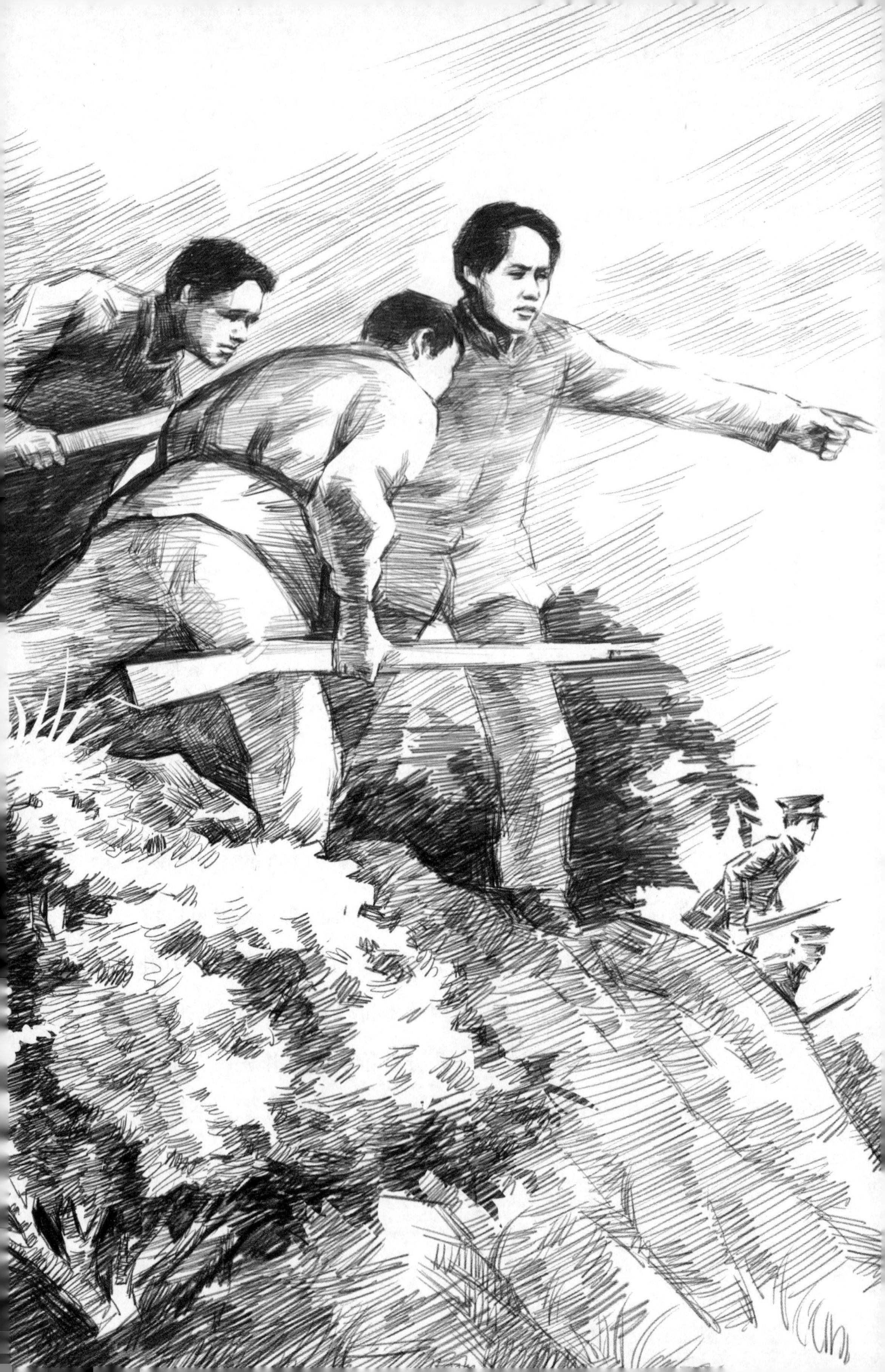

缴枪没事！"溃军果然不敢抵抗，表示愿意缴枪。毛泽东同志指挥他们将枪放置地上，后退整队，开往第一师范附近待命。这时，第一师范全校学生在毛泽东同志的发动下，急忙将缴获溃军的枪支和其他武器搬到学校，堆满了一礼堂。次日天明，湖南省商会分给缴械北军路费，使其各返家乡。

当毛泽东同志率领学生志愿军开赴金盘岭，阻击溃军时，一些胆小的教师和同学，躲在学校里面，不敢出门观看。

两天后，广西军队才来到长沙，人心才比较安定。这时，学校沸腾了，对这件事议论纷纷，都说："毛泽东一身都是胆！"

学友会的新气象

　　第一师范学友会原名技能会，一九一五年改名学友会。目的在于"砥砺道德，研究教育，增进学识，养成专业，锻炼身体，联络感情"。会长由校长担任，负实际责任的总务和各部部长，则由各班代表组成的代表会议产生。

　　毛泽东同志从一九一五年下期到一九一七年上期，在学友会连续担任了四个学期的文牍。一九一七年下期被选担任总务兼教育研究部部长。自从他担任总务以后，学友会的会务顿时就活跃起来，出现了一种从来没有的新气象。

　　他认真研究了如何改进学友会的工作，首先倡议两件事：一是大搞学术研究，一是大搞体育活动。他认为一个向上的青年，必须具备三个条件，就是远大的理想、精深的学问和强健的体魄。

也必须是这样全面发展的人，才能强毅有为，任重致远，担负起改造社会、挽救国家的重大责任。他希望第一师范的同学养成研究学术、锻炼身体的新风气，希望在这种新风气的熏陶感染之下产生一些向上的青年，有益于国家社会的青年。

这届学友会共设十五部。属于学术研究的有：教育研究、讲演、文学（国文、英文、日文……）、书法、图画、手工、音乐等。属于体育活动的有：武术、剑术、架梁、蹴球、庭球、野球、竞技、游泳等。各部部长过去都由教师担任，这次由于毛泽东同志的建议，改由四、五年级学生担任，借以练习办事能力，养成自主精神。

在第二次会议中，在毛泽东同志的提议下，通过了这届学友会工作的六项决议：一、征集会金；二、决定各部活动内容和聘定各部指导教师；三、编制预算；四、设立成绩展览处；五、建立记录制度，各部都说作工作记录；六、设立图书馆。各部各组立即分别开会讨论，立即开展活动。全校五百多个学生，少的参加一部，多的参加两三部，每天课后，大家不再像从前静悄悄地坐在自修室谈古书，演习数学题目了，有的在开展自由辩论，有的在听学术讲演，有的在学诗学词，有的在读英文和日文，还有很大一部分热爱体育活动的同学，在参加各种球赛或集体到牛头洲去游泳。过去沉闷呆板的学校生活，现在变得活泼有生气了；过去死啃书本的学生，现在比较能够开动脑筋，对书本知识能够加以分析批判了；过去不好运动的学生，现在也和同学们一道练习打球、游泳了；过去两耳不闻窗外事，一心专读教科书的学生，现在也看看报纸杂志，参加一部分社会活动了。半年间，学生的面貌和学校的面貌都发生了很大的变化。

毛泽东同志的领导天分，在领导学友会工作时已经初步表现出来。有些事情，第一师范的老学生至今还记得很清楚。

他最留心看同学的长处，也最善于运用同学们的长处。他曾经告诉周围的同学："看人首先就应当看他的长处。每一个人都有他的长处，大家应该鼓励和运用他的长处，而不管那长处是多么小，多么有限。"他主持学友会工作时，某人对文学有特长，就使那人领导文学写作的活动。这些同志在毛泽东同志的鼓励、帮助之下，大部分发挥了他们工作的积极性和创造性，在各个部门，开展了多种多样的活动，进行了不少首创性的研究工作，获得了很显著的成绩。

他做事积极，思想细致，又特别富于计划性和创造性。对于会务的进行，他常在充分了解情况之后，进行深思熟虑，根据需要和可能，分别提出某事应该先办，某事应该急办，某事应该全力去办，并和各部负责人商量，得到大家同意后，就坚决贯彻执行。由于他的意见符合实际情况，常为大多数人乐意接受，实行起来很少遇到阻碍和困难。

毛泽东同志主持全体大会或全体干部会议时，常让同学们尽量提出自己的主张，并使一切不同的意见展开争辩。他对各人意见都用心倾听，记录要点。但争辩激烈时，他不发表任何意见，等到大家没有什么新的意见发表了，他才就大家的意见加以分析、总结，提出他个人的主张。由于他的总结，总是取长舍短，斟酌尽善，真能解决问题，所以大家为之心悦诚服。

毛泽东同志连续担任了两个学期的学友会总务，直到他毕业时才把会务移交给肄业的同学和学友会会长。他在一九一八年五月二十九日学友会记事录上，写出了学友会工作总结和任职经过，和他对此后改进学友会工作的几项意见。这时北军进驻学校，留校同学只余一百多人，学习已完全停止，生活也很不安定。毛泽东同志却仔细检查了自己一年来经手的工作，并为学友会的利益做了周详的筹划和建议。这是他一贯认真负责、一丝不苟的作风的又一次表现。

足球热与乒乓狂

当时长沙中等学校的球术运动，以足球最为盛行。离第一师范不远的长郡中学，在校际的足球比赛中常常压倒了别的学校。有八个球员，身体强健，球术精良，长沙的学生称他们为"长郡八大球王"。每回出阵，早已先声夺人，别校球队很少有战胜他们的希望。

第一师范的学生中间也有一些和八大球王不相伯仲的足球健将，但由于过去学校没有注重对他们的组织和训练，所以比起长郡队来还是赶不上。毛泽东同志和足球部负责同志商量：第一步要把这些足球健将编成全校的足球代表队，集中训练；第二步号召各班组织班的足球队，各县同学组织县的足球队，普遍开展活动。全校先后成立的足球队共计三十多个。学校运动场地狭小，不可能满足这么多足球队活动的要求,这些足球队只好走到四五里外的协操坪和教育会坪等处进行练习,从此第一师范的足球代表队,成了长沙各校实力最充足的足球队,成了八大球王的劲敌,比赛时常互有胜负。同时踢足球成了全校学生主要的体育活动。有些同学这样说:"过去我们玩球是球打人,如今是人打球了。"也有些同学将这种情况称为第一师范的"足球热"。

当时长沙各校学生,游泳风气还不盛,有的学校还把学生在夏天到河、塘中游泳定为"厉禁"。第一师范原来有游泳嗜好的同学也不多。学友会成立游泳部以后,在牛头洲开辟了一个游泳场所,将参加游泳学习的同学编成许多小组,选定热爱游泳的同学作组长、干事和纠察,领导小组的活动,指导技术,照顾安全。到了夏天,参加游泳的同学更多了。毛泽东同志和负责炊事的职员商量,每天晚餐,留足够的席次,迟两个钟头开餐,让同学们在尽兴游泳后,能吃到热饭热菜。同学们都感到便利,更鼓舞了游泳的劲头,并把这种现象称为"游泳高潮"。

这时种种室外活动开展得很活跃,但毛泽东同志还觉得不满足,因为一到下雨天,同学们就没有活动的地方。他想要弥补这种缺陷,就只有开展室内的体育活动。他又考虑了第一师范的客观条件,没有空余的房子,没有多的体育器械设备,室内的体育活动是不容易开展的。他和一些体育部的负责同学商量,得出了这样一个结论:打乒乓球是室内最好的体育运动;花钱不多,设备简易，又不需要广大的场地，即刻可以开展。他决定由学友会制作木架十二个，竹面网子十二份，分给十二个班的同学。又要各班买好乒乓球。各班自己选定练习地点，开始进行练习。各班同学兴致都很高，课间课余和午晚休息时间，都有人争先恐后地抢球拍，占球桌，打得不肯放手，乒乓之声，到处可以听见。同学们把这种现象，称为第一师范的"乒乓狂"。

为了促进全校体育运动的全面开展，学友会规定了各部练习的时间，配好了各部领导工作的干部和纠察，并号召各部会员按时认真练习。又在各部设录事一人，发记事录一本，各部每次活动时，录事必须将时间、人数、活动情况、练习材料和特殊事件详细记入记事录，各部进行活动的计划也要记入。借此对各部活动起督促检查作用；同时也为改进运动技术，提高运动质量提供参考资料。

我们的毛先生

创办工人夜学、平民学校（日校或夜校）和各种补习学校，是五四运动前后进步的知识分子与工农结合的一种普通形式。毛泽东同志也曾运用过这种形式。

远在五四运动以前，毛泽东同志在第一师范和同学们谈教育问题时，就曾经说过这样的话："有钱的人就能受教育，从小学读到大学；没有钱的人就被关在学校门墙之外，做一世的光眼瞎子，这是合理的么？""依据国家状况，社会中坚力量实是大多数的工人和农民，但他们没有机会受到教育，觉悟不能提高，知识不能增进，问题实在太严重了！"

第一师范附近有钢铁局、黑铅炼厂、电灯公司等工厂，每个工厂都有很多工人，这些地方又聚居了不少的铁路工人、人力车夫、蔬菜小贩和其他苦力。这些人多半过着朝不保夕、饥寒交迫的穷苦生活，自然也就谈不上受教育、学文化了。因此，他们绝大多数是文盲或半文盲。这些情况，毛泽东同志平日从观察、接触和访问中已很熟悉，因而更同情他们的处境，觉得应该设法把这种情况改变。

一九一七年秋天，毛泽东同志为第一师范学友会总务（主席）兼教育研究部部长，在教育研究部开第一次会议时，他倡议在第一师范附属初级小学内创办工人夜学，吸收附近穷苦工人入学。这个倡议，得到全体教员的同意，决定积极筹备办理。他用白话文写出招生广告，在街上张贴，广告中这样写道："列位最不便益的是什么，大家晓得吗？就是俗语说的，讲了写不得，写了认不得，有数算不得……所以，大家要求点知识，写得几个字，认得几个字，算得几笔数，方才是便益的。列位做工的人，又要劳动，又无人教授，如何能做到这样，真是不易得的事。……我们第一师范办了一个夜学。这个夜学是专为列位工人设的，从礼拜一起至礼拜五止，每夜上两点钟课，教的是写信、算账，都是列位自己时刻要用的，讲义归我们发给，并不要钱。夜间上课又于列位工作并无妨碍。若是要来求学的，就赶快于一礼拜内到师范的号房报名。"这种浅俗、亲切的广告贴出后，没有几个人来报名。后来又用大张的纸写出，贴在街头最显著的地方，来报名的人还是极少。毛泽东同志研究了他们不来报名的原因，组织同学十多人，携带招生广告，挨家挨户去劝学，详细向他们宣传参加学习的重要。三天后，就有一百二十多人来报名。陆续要求补报的还有很多。

夜学教学，必须适合学生要求，适合学生接受水平，讲义内容必须与学生日常生活有密切联系。毛泽东同志根据他与夜学教师们共同制定的这几项原则，亲自参加编讲义，教课，不断研究改进教学方法。每天由夜学管理员填写夜学日志，详记每天授课、训话的内容和教学、生活各方面应改进的问题。从夜学开办起，有很多日子的夜学日志是毛泽东同志亲自写的，他的工作热情和干劲，鼓舞了所有在夜学教课的同学。他们大都坚持了教学工作，把夜学办得使学生很满意，即使在时局不安稳的时候也能照常上课。

毛泽东同志又考虑到工人们的困难，规定上课时穿什么衣服、穿不穿鞋袜都听其自便，不求美观整齐。遇戒严时期，就请警察保护工人夜间在街上通行。因此学生都安心学习，进步很快。

一九一八年，毛泽东同志从一师毕业后，工人夜学因无人负责就停办了。一九二〇年毛泽东同志担任一师附小主事，考虑到要开展工人运动，必须先提高工人觉悟，他认为工人夜学的形式有大加运用的必要，因此在附小的初小部办了平民夜校。他把这个平民夜校看得很重要，他的工作虽极忙，但仍亲自主持夜校的教学业务，并常利用课前课后的时间，与学生个别谈话，在了解

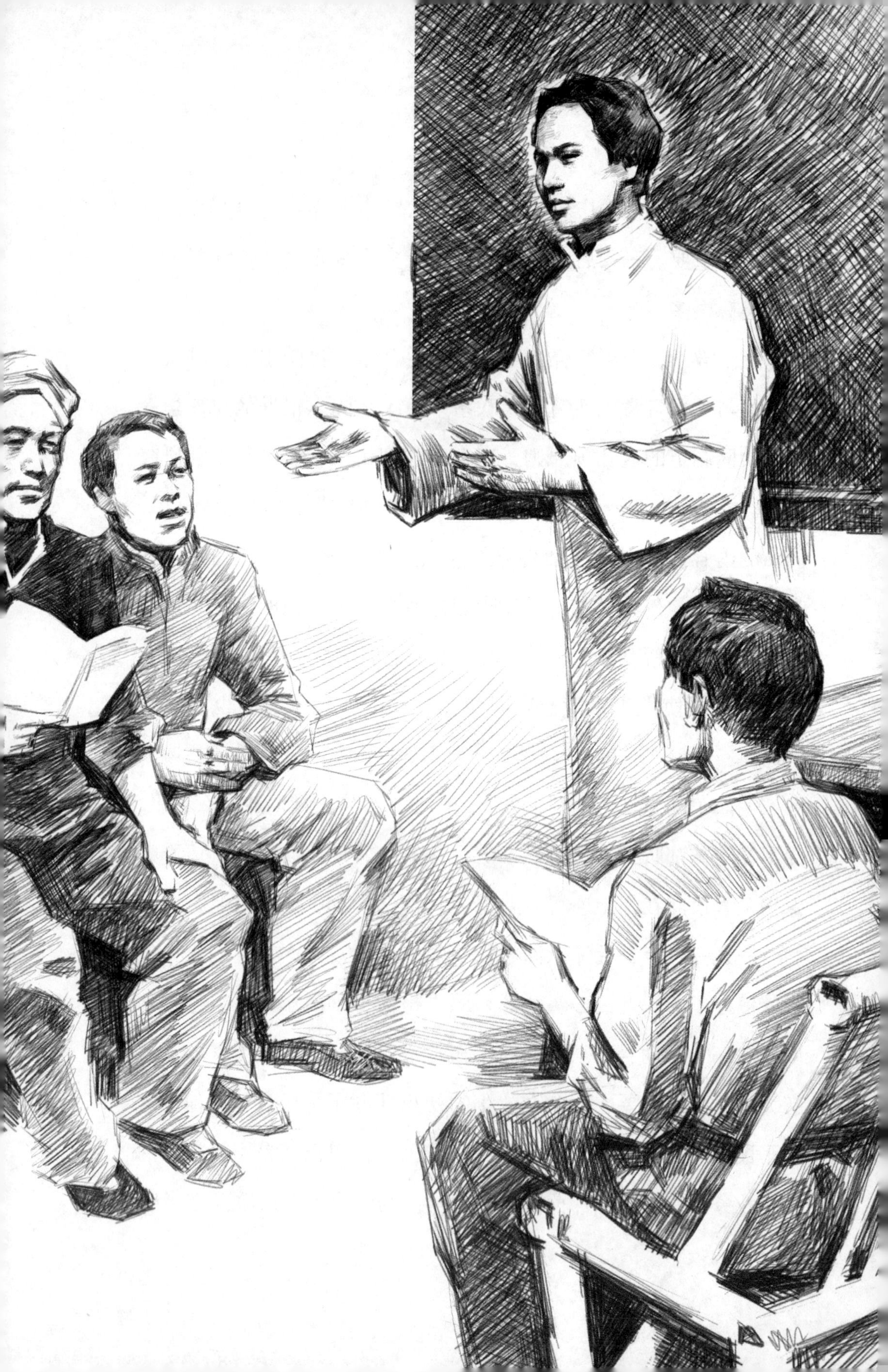

他们的劳动、生活各方面情况的基础上，向他们进行革命思想教育。不管严寒酷暑，不管雨夜风宵，他从夜校回到附小常常是半夜大家就寝以后了。

为了使社会失学青年，特别是工农子弟得到受教育的机会，毛泽东同志又在高小部办了一个补习班，招收十八岁以上的失学青年，以补习国文、算术为主。所选国文教材，多是"五四"前后的进步文艺作品。这些学生多来自农村，年龄较大，对旧社会一些不合理的事实了解较多，因而接受新事物也比较快。他们在入学不久的日子里，居然能写长篇大论，大胆地反对旧礼教，反对军阀，反对帝国主义。毛泽东在检查他们的学习成绩时，感到很满意。但另一方面，由于他们多出身农民家庭，很少或没有度过学业生活，到处表现得与师范部学生不同。每当师范部师生在礼堂里举行讲习会、报告会或节日集会时，有个别补习班学生脚上拖着破鞋，手里拿着烧饼油条，站在一旁边啃边听讲。一些师范部的师生看不顺眼，要求易校长取缔补习班。易校长以告毛泽东同志。毛泽东同志说："这种形式似乎不大要紧吧！"

由于毛泽东同志这样关心劳动人民的教育，这样千方百计解决他们的学习问题，一些在夜校和补习班的学生都觉得他是他们唯一的好老师、好朋友。第一师范附近的穷苦人民，认识的也是办夜校的毛先生，对他表示非常亲切和尊敬。他也由此取得了一些联系工农的经验，并进一步和劳动人民建立了深厚的感情。

人多力量大

　　参加辛亥革命,当过几个月新兵之后回到学校读书的毛泽东同志,由于亲眼看到帝国主义对中国的侵略,军阀官僚对人民的剥削、压迫,使国家接近灭亡的边缘,广大人民终年在饥饿死亡线上挣扎,因此早就有决心把自己的全部力量献给多灾多难的祖国和人民。从一九一三年到一九一八年他在湖南第一师范学习的五年中,国内外又发生了袁世凯称帝、张勋复辟、南北军阀混战,以及第一次世界大战和逼迫中国签订"二十一条"亡国条约的种种事变,他的心思没有一刻是宁静的。他这时已经认定康有为、梁启超的主张不能解决中国问题,严复所介绍的资本主义的政治、经济学说,也没有采用的价值。就是孙中山几十年致力的革命事业,也可以从历史事实和世界形势证明它没有成功的希望。他常常焦虑地思考着：什么才是挽救危难的中国、解放痛苦的人民的有效途径？

一九一五年，《新青年》出版后，杨昌济先生在课堂中就详细向学生做了介绍，教学生订阅。他又订购了几份赠给一部分学生。毛泽东同志得到杨先生赠书，立即成为这个杂志的热爱者。他读了又读，认为这个杂志所宣传的思想多半是他应该研究的新思想。像陈独秀、吴又陵打倒孔家店的主张，李大钊在《新青年》一些文章里对青年提出的希望，引起他极大的注意，并成了他和一些爱读这种杂志的同学热烈讨论的问题。有时他们把文章的精辟的议论整段抄在自己的日记本上。

从这时起，毛泽东同志对韩文的研读大大减少了。几年来，决心学好英语，打算为大读英文书报做好准备，他每天花去了一部分的学习时间，有时也把它暂时搁置下来。每天除上课阅报之外，看书看《新青年》，谈话谈《新青年》，思考，也思考《新青年》上面所提出的问题。当时的《新青年》提倡新文化，反对旧礼教；提倡白话文，反对文言文；提倡科学，反对迷信；提倡民主制度，反对专制独裁；以及歌颂劳工神圣，提倡妇女解放。他完全同意这些论点。中国要改造，必须从政治、经济、文化思想、制度、风俗、习惯等各方面进行彻底的改造，这时在他的头脑中构成了更明确的观念。

在第一师范学校里，有他最敬爱的老师，如杨昌济、徐特立诸先生，也有他亲密的好朋友，如蔡和森、陈昌、张昆弟、何叔衡诸同志。他们常常交换改造中国的意见，也常常相互期许，互相勉励：要在天昏地暗里找光明，要从层层的网罗的包围中展开长翅，要使自己成为当世的栋梁之材，要使中国的政治、文化的面貌根本变革。

他们知道：改造中国绝不是一两年的时间，更不是一二人的力量，必须有很多志同道合、坚定不移的人，结成一个巨大集体，坚持奋斗，才能发挥力量，有所作为。这样的人光靠在第一师范里面寻求是绝不够的，必须突破学校的圈子，到广大的青年中去发现、争取，使其在一个共同奋斗的目标下团结起来。

一九一七年的秋天，长沙城里的学校先后接到署名"二十八画生"的求友启事。启事的大意是："二十八画生"要求和有爱国热情的青年做朋友，邀请能耐艰苦、有为祖国牺牲的决心的志士和他通信联络。信封批着"请张贴在大家看得见的地方"几个字。有一些头脑顽固的校长，认为这个"二十八画生"一定是怪人，求友也一定不怀好意，就把启事没收，不让在校里张贴。湖南第一女子师范一个姓马的老校长，见启事写着"来信由第一师范附属小学陈章甫转交"，就亲自找到一师附小，又亲自找到第一师范，从陈章甫同志和第一师范校长那里知道二十八画生就是毛泽东同志，而毛泽东同志又是全校皆知的敦品励学的好学生，才消释了二十八画生是找女学生谈恋爱的疑虑。起先，毛泽东同

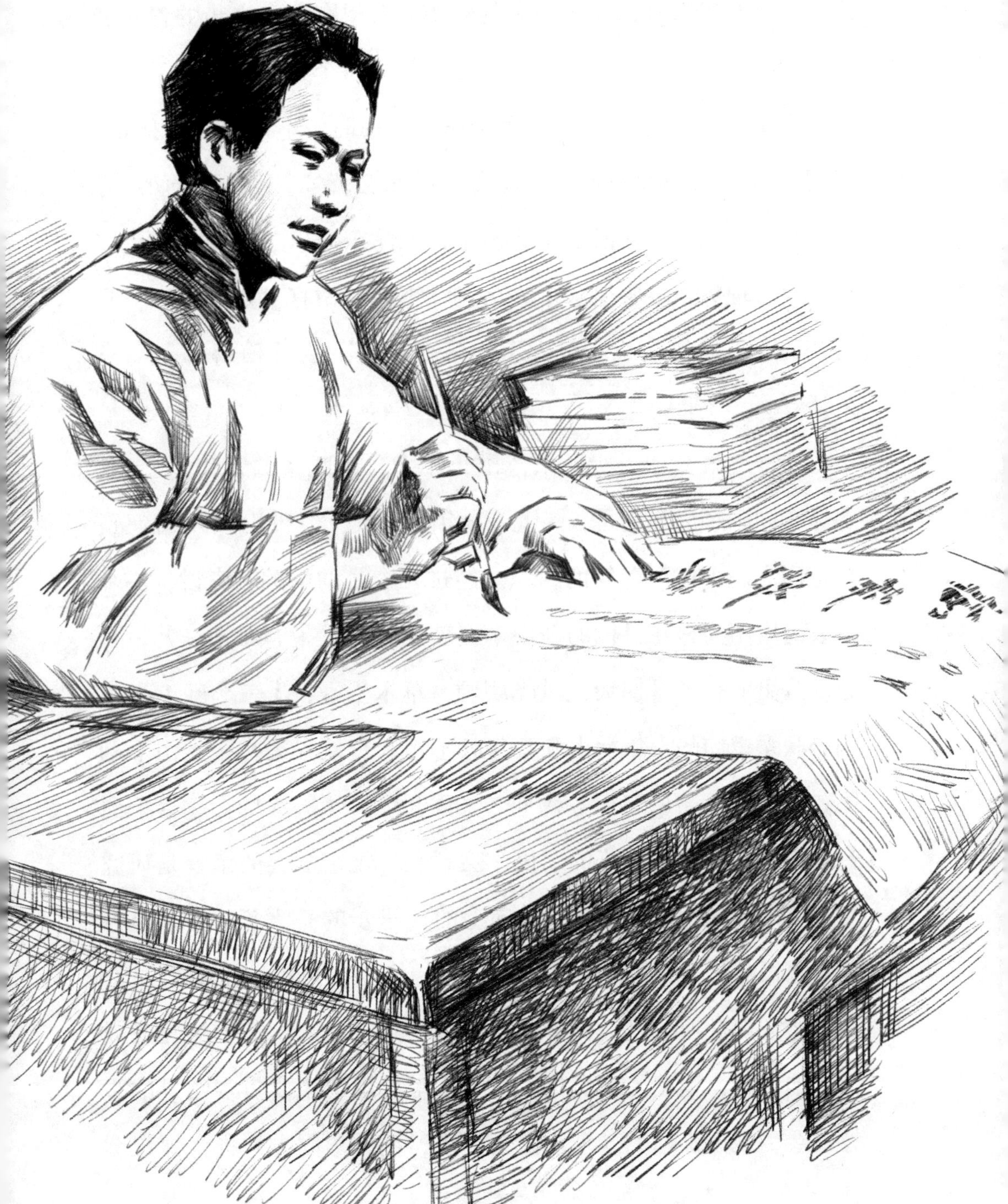

志发出求友启事时，怀着很大的希望，希望有很多进步的青年和他做朋友。他期待了一些日子，还只收到三个人的来信。于是约他们于星期天在定王台图书馆会晤。见面时，不说一句应酬话，就问："你近来读些什么书？写了些什么文章？"谈得很亲切。等到后来日子久了，交谈的次数多了，毛泽东同志总是和他们讲些读书要有理想，不要追求个人名利，不要打做官发财的主意；只有"先天下之忧而忧，后天下之乐而乐"的人才值得学习一类的话。

这样通讯交谈，所通讯范围仍不大，所联系的青年仍不多。毛泽东同志感到不满足，一九一七年的秋天，他和几个朋友商量，决定成立一个进步青年的组织。经过几个月的酝酿、商讨，一个以改造中国为奋斗目标的新民学会就正式成立了。那是一九一八年四月里的一个星期天，风光明媚，草木生香，十三个经毛泽东同志联系邀约的青年学生和青年教师很兴奋地齐集在岳麓山下刘家台子"沩痴寄庐"蔡和森同志的家里，开了一天的会。会上通过了由毛泽东同志起草的新民学会章程。规定学会的宗旨是研究学术，砥砺品行。会员必须是向上的（进步的）青年，必须是有为国家民族做事业的远大志愿的青年；新会员入会，要有会员介绍，经评议会通过；会员必须严格遵守道德上、生活上的几条戒律，如不嫖、不赌、不懒惰、不贪污等。学会主要负责领导的是评议会，大家推选了五个评议会干事，毛泽东同志被推为评议会副总干事。① 最后讨论发展会员时，毛泽东同志说："人多力量才大，会员应该多发展。不过，会员的标准不能降低，一定要品德好、志向好、学问好、确有向上要求的青年，我们才欢迎入会。"大家都赞成他的主张。

从这时候起，第一师范的优秀学生，长沙中小学的优秀教师，都逐渐被吸收入会，接着，长郡中学，明德中学，湖南商专、法专和湘雅医学院等校的学生也有加入的。到五四运动的前夕，新民学会会员发展到了七十多人。除了一部分赴法勤工俭学外，多数留在长沙教书或读书。每隔一月或两月要开一次会。每次会议都有中心内容，或议论某个学术问题、思想问题，或分析国际和国内形势，或报告各人的学习、工作计划与实践所得，以互相督促。会场中常洋溢着青年沸腾的热情，以及寻求改造中国的方法的勇气。这几十个新民学会的会员，五四运动时期，在毛泽东同志领导的长沙各种革命活动中起着骨干作用和桥梁作用。所以新民学会的成立，是一件大事，它在当时长沙所开展的革命活动中担负了开路先锋的任务。

---

① 编者注：时选举萧子升为总干事，毛泽东、陈书农等为干事。毛泽东实际主持学会会务工作，故有副总干事一说。

踏遍了岳麓山

一九一八年的夏天,毛泽东同志从第一师范学校毕业。正值南北军阀混战。北洋军阀头子段祺瑞命令他的部下吴佩孚、张敬尧带领以第三师和第七师为主力的北洋军,打进湖南,把广西军阀谭浩明的军队赶走。张敬尧的军队就驻在长沙,第一师范的校舍,大部分被驻军强占。毛泽东同志不能再留居学校,就和张昆弟、蔡和森诸同志寄居岳麓山下湖南大学筹备处的牛学斋。

牛学斋原为岳麓书院院长的宿舍。一九一七年,杨昌济、胡元炎等倡议创建湖南大学,就在牛学斋设立筹备处。但因经费无着,筹备工作就不能进行,牛学斋虽然挂上了筹备处的招牌,实无人在内办公,全部房屋空余甚多。因此毛泽东同志等得以借居于此。

他们都是穷学生，每天赤足穿草鞋，到山里捡柴挑水，用蚕豆拌和大米煮着吃。这种花钱不多的饭，也是有一顿没一顿的，有时每天就只吃一顿。他们不愁穷，不怕苦，还是读他们爱的书，讨论他们所乐意讨论的哲学问题和时事问题。读书讨论之外，又常到水陆洲去游泳，到山上、河边看晚霞，看江景。到了夜间，高兴起来，还爬上云麓宫去望月。尽管物质生活很艰苦，但他们仍然没有减少精神上的愉快，间断身体上的锻炼。

这时摆在他们面前使他们日夜深思的迫切问题，不是他们个人的生活问题，也不是他们个人的出路问题，而是中国究竟往何处去，中国人民如何才能获得解救的问题。外力的侵略，军阀的横行，官僚、政客、土豪、劣绅的贪婪、腐化，结成一个一个的大规模的吃人集团，而全国劳动人民却在啼饥号寒，妻离子散，人人有被吃掉的危险。湖南人民的遭遇尤为悲惨。因为湖南地区长期是南北各派军阀锯战的场所，兵灾、匪灾、水灾、旱灾，不断地吞噬着人民，使得全省人民活不下去。这些悲惨的图画，在抱着改造社会、改造中国雄心大志的他们的眼中，使他们感到非常不安，更迫切地想寻求一个解决问题的途径。他们深深懂得，"羽毛不丰满者，不可以高飞"。想要以几个人的力量，以新组织的新民学会的力量来解决像这样一个重大问题是不可能的。他们走出牛学斋，踏遍岳麓山，踏遍岳麓山下的市镇和村落，想寻求一块适当的地方作为当时设想的新村试验场所。但是这些地方都是地主的，是政府的，他们没有权力用它。"手无斧柯，奈龟山何！"他们关于新村的设想，终于幻灭。他们又想组织队伍到南洋去办教育，想到西洋去学习、考察。但是到南洋办教育，能不能解决中国问题，引起他们的怀疑；到西洋学习、考察，他们哪有这样的条件！想来想去，仍然没有得到一个大家认为切实可行的结论。

不久，留法勤工俭学运动的浪潮到达了湖南，他们三人为了组织湖南青年学生投入这项运动，才相继离开了岳麓山和牛学斋，奔赴北京，参加一场具有深远意义的战斗。

留法勤工俭学运动

新民学会成立不到三个月，毛泽东同志和学会的几个主要负责同志就全力领导了湖南方面的留法勤工俭学运动。

法国在第一次世界大战期间，曾经在中国招募华工，帮助他们做战争勤务。国内前后去到法国的工人达到几十万。当时在法国的吴玉章、蔡元培诸先生想利用这个机会，鼓励中国青年学生到法国去勤工俭学。他们创设了一个留法勤工俭学会，提出"勤于做工，俭以求学"以号召青年用半工半读的方法到法国求学，并组织了华法教育会主持其事。他们回国后，又在北京、上海等地进行了宣传、发动工作。到一九一八年的夏天，这种留法勤工俭学运动已经在全国各地掀起了不小的浪潮。

这时刚从第一师范毕业，寄居在岳麓山的毛泽东同志，一天接到友人从北京寄给他的留法勤工俭学运动的宣传资料，他看过之后，高兴极了，认为这是青年学生可以奔赴的道路，也是培养和提高新民学会会员的好途径，即刻和蔡和森、张昆弟诸同志商量，在长沙推动这一运动。他首先在各新民学会会员，第一师范和长郡中学的同学中宣传发动。一部分贫苦学生，首先起来响应，决心克服一切困难，以期达到勤工俭学的目的。几天之内，决定参加的就有三十多人。

这时，留法勤工俭学还在倡议阶段，没有确实能够负责主持的机关，经济上的问题也没有妥当的解决办法。为了帮助几十个青年解决赴法旅费、出国护照、学习法文等问题，毛泽东同志提议请蔡和森同志先到北京了解有关情况并与各方面联络，以便采取有效措施。他本人决定暂留长沙，继续发展新民学会会员，继续组织青年赴法勤工俭学。

蔡和森同志到达北京与各方面联络后，许多重要问题仍不能获得解决，再三函促毛泽东同志赴京。一九一八年八月，毛泽东同志约同罗学瓒同志等二十多人结伴北上。这时，湖南青年学生到达北京准备赴法的已有四五十人。由于华法教育会准备工作还没做好，一时不能出国，一部分人情绪不安，有的口出怨言。毛泽东同志劝大家耐心等待，并反复说明必须做好准备，不可在没有准备前就盲目行动。他又和蔡和森同志与有关方面接洽，使大家都能分别在北京大学、保定育德中学和蠡县三处入留法预备班学习法文。同时又帮助大家借旅费，办理出国手续，并草拟了赴法勤工俭学的计划。这时，他成了一个特别忙的人，想主意的是他，写文章的是他，同华法教育会接洽的也是他，跟湖南同乡和其他有关方面联络也还要他跑腿。

他和同来北京的一些学生都很穷，每个月六七块钱的伙食费也很难筹措，杨昌济先生介绍他到北京大学图书馆当一个管理报纸的图书馆佐理员。每月工资八元，仅够个人吃饭。他和罗学瓒、陈绍林等八人同住景山东街三眼井吉安所东夹道七号的一间小房里。虽然很挤，很艰苦，但他们不以为意，每天仍一样积极地工作、活动，还要参加一些学术组织的讲演会和到北京大学旁听一个课程。

后来，毛泽东同志回忆这时候的生活这样写道："我自己在北京的生活是十分穷苦的。我住在一个叫作三眼井的地方，和另外七个人合住一个小房间。晚上我们全体挤在坑上，连呼吸的地方都没有。每逢我要翻转一下身体时，都得预先警告睡在两旁的人。可是另一方面，这座古代都城之美，对于我可算是一种补偿。在公园和故宫的宫址，我看到北京的早春，在坚冰还盖着北海的时候，我看到了怒放的梅花，北京的树木，引起我无穷的欣赏。"

到一九一九年的春天，湖南一百多个青年学生中的一部分到法国去的准备工作，已经在毛泽东同志几个月辛苦经营之下完成了。毛泽东同志陪同他们到上海去。他只有到天津的车票，一个同学借给他十元，才买了到浦口的车票，在浦口又偶然遇到一个湖南老朋友借给他足以买到上海车票的钱，才到了上海。

一天，毛泽东同志告诉大家他决定不去法国。几个月以来，他没有一天休息，大部分时间都用在了留法勤工俭学的宣传、组织和准备的活动上，又牺牲了入大学的机会，忍受生活上的极端艰苦，大家都认为他应有去法国的打算，可如今万事俱备，旅费也想法子借到了，不日就可放洋，他却做出这个决定，是使人很难索解的。

"这是为什么呢？"大家惊奇地问他。他说："我们这些青年要有更多的人到外国去，看些新东西，学些新学问，好贡献给自己的国家。但同时还要有人留在本国，研究本国的问题，我对于本国还未能充分了解，而且我以为在中国可以更有益花去我的时间。"

他就这样送别了第一批赴法的湖南勤工俭学学生，准备回湖南开展考虑了很久的一些活动。

在毛泽东同志的继续发动和第一批赴法青年的影响下，一九一九年到一九二〇年两年中间，湖南去法国勤工俭学的人达到好几百。周南女子中学毕业学生蔡畅、向警予诸同志又发起组织女子留法勤工俭学会，鼓励各校女生参加这一运动。年过五十的蔡母，也随同她的子女蔡和森、蔡畅同志到法国，进工厂，读法文。年已四十三岁，在湖南教书达二十五年之久的徐特立同志，也克服了无数的困难，随自己一些学生之后到法国去当老留学生。他一面在工厂做工，为工人煮饭，一面于劳动余闲，坚持学习法文，学习自然科学。这几个老同志的这种积极行动，给予了已经赴法的青年和湖南一些准备赴法的青年很大的鼓舞。

暴风雨的前夕

　　一九一九年的春天，是一个不平凡的春天。一方面，当时中国的革命知识分子眼见俄、德、奥三大帝国主义国家已经瓦解，英、法两大帝国主义国家已经受伤，而俄国无产阶级已经建立了社会主义国家，德、奥、意三国无产阶级在革命中，因而发生了中国民族解放的新希望。（见毛泽东选集《新民主主义论》）另一方面，结束第一次世界大战的分赃会议正在巴黎举行，全中国的爱国人民正密切注意巴黎会议对山东问题的争执，却被不断传来的我国外交失败的消息所震惊，北京、上海和全国各地的青年学生正酝酿争回青岛、取消"二十一条"、反对北洋军阀政府卖国外交政策的运动。

　　这时候，毛泽东同志在上海送别了第一批赴法勤工俭学的湖南青年，打算回到长沙，推动湖南的学生爱国运动。当他还没有动身时，接到了母亲病重，已经到长沙就医的家信，他于是于四月中间从上海赶回长沙省亲。经过一段时间的医疗，母亲患的喉蛾已经好了，颈伤还在继续医治，但已比之前轻减多了。他因此能有更多的时间研究时事，并同长沙的教育界、新闻界和青年学生进行各种联络活动。

一天，毛泽东同志到修业小学去找在这里教书的一个新民学会会员。在谈话中，毛泽东同志告诉他："北京、上海等地的学生因外交失败消息引起悲痛和愤怒，正在酝酿开展爱国运动，湖南也应该搞起来。我想在这方面做些工作。"他们经过商量后，认为修业小学地点适中，便于与外面联系，并且可以在学校教几小时课，解决吃饭问题。他就把他的简单行李搬到这里，在高小部每周教六小时历史课，其余时间完全可以自由运用。

新民学会成立后，陆续吸收了一些进步的大中学生和中小学教员作会员。长沙几个主要学校的教师和学生中差不多都有新民学会的会员。毛泽东同志这时分别走访了他们，讲述几个月来他个人在北京、上海的经历，并向他们介绍他所接触的一些值得敬佩的人物。谈到国内外形势时，他认为由于外交问题的影响，全国的人心都很不安，青年学生更将有具体的表示。新民学会会员绝不可站在旁边看热闹，要立刻行动起来。他又约集所有在长沙的会员到楚怡小学何叔衡同志那里开了半天的会。他在会上对欧战后的世界局势，南北军阀混战的情况，张敬尧在湖南所造的罪恶，以及在新思潮的激荡下全国人民的觉悟逐渐提高的事实，都做了详细的分析和说明。他还对如何组织青年学生的力量，如何与张敬尧进行斗争，也提出了他的意见。参加会议的人都感觉受了很大的启发，因此增强了在长沙开展爱国运动的信心。

北京五四运动的消息传到长沙后，毛泽东同志除紧密和新民学会会员及各学校学生骨干分子接触外，又广泛和新闻界、教育界人士交换对时局的看法和湖南人民支援北京学生、反对卖国外交的具体意见。这些人正因为受张敬尧的严密控制，爱国运动搞不起来，心情十分苦闷。听了毛泽东同志的话，大家觉得头脑开朗多了，都表示愿意按照他所指出的奋斗目标去努力。

湖南学生的大联合

五四运动前，湖南学生的统一组织，也曾有过酝酿，并且在反对段祺瑞政府和日本帝国主义秘密订立反对苏俄的《中日共同防敌军事协定》的时候，组织过湖南学生联合会，以领导请愿废约的运动。但组织不健全，没有发挥大的作用，从而陷入停顿。毛泽东同志回长沙后，首先考虑了这样一个问题：要开展湖南学生的爱国运动，必须恢复和改组湖南学生联合会。这时有好些学校如第一师范、商业专门学校的学生组织比较健全，搞社会活动也有一些经验，他首先就和这些学校学生中的骨干分子联系，得到他们的支持。进一步再扩大联系的范围，并给所联系的学校的主要学生干部详细分析了国际国内的形势，特别是巴黎和会和北洋军阀的外交政策，全国青年学生爱国运动发展的新形势。他提出：我们的斗争，第一，坚定反帝反封建的政治方向，要力争山东主权的完整，反对北洋军阀政府的卖国政策；第二，要有统一的组织，使力量集中，声势浩大，以取得斗争的巨大胜利；第三，要对斗争存在的问题和困难有足够的估计，如何对付张敬尧必会施加的压迫，使斗争坚持到底，就是应该注意的问题。

这时，北京学生由于段祺瑞政府横加压迫，又不肯罢免几个著名的卖国贼，斗争情绪更加高涨。到五月十九日，全体学校宣告罢课，并组织十人团，上街进行爱国宣传。没几天，全国各地纷纷响应罢课。张敬尧知道形势严重，戒备更加严密。每天派人检查报纸，不许刊登有关爱国运动的消息；同时，重审禁令，不准学生做一切爱国活动。毛泽东同志和各校学生会负责人集商，要加紧团结，突破张敬尧的控制，取得第一场战役的胜利。又亲自写了一张很激切的传单，号召大家即刻行动起来，以支援北京和全国各地学生的斗争。写好以后，用第一师范等几个学校的名义发出去。并组织新民学会会员日夜紧张活动，动员各校罢课，同时推派代表，即日组织湖南学生联合会。

经过十天左右的联络、协商，统一领导全省学生运动的新的湖南学生联合会于一九一九年五月二十八日正式宣告成立。六月二日通过决议：全市和全省学校全体于次日罢课。罢课宣言内有这样的话："外交失败，内政分歧，国家将亡，急需挽救。……学生之求学，以卫国也。国之不存，学于何有！我们的学生出于良心之感发，鉴于形势之要求，决定自六月三日起，全体罢课，力行救国之职责，誓为外交之后盾。"并在宣言的最后发出"请斩曹章陆以谢天下"的呼吁。于是以公立法专、第一师范、长沙师范的学生为首的长沙学生罢了课，接着湖南省学生也罢了课。

湖南学生联合会的组织和全国各省学联的组织差不多。会长之下，分设评议部与执行部负实际责任。当时推定商专代表彭璜做会长，长郡中学和第一师范学生代表做评议部执行主席。他们都是新民学会会员。其他各校代表也多数是新民学会会员或与新民学会早有过联系的进步青年，如长郡中学的彭光球，周南女校的魏璧，雅礼学校的陈纯粹，法政专门学校的黎宗烈，蚕业学校的李思安，第一师范的蒋竹如等。会址设在商业专门学校，离毛泽东同志住的修业学校很近，他每天都到这里来和学联负责人研究问题。这年暑假中，他日间多在商专随时指导学联工作。

自从学联成立后，湖南学生有了统一的组织，因而使爱国运动进入了高潮。毛泽东同志和学联负责人进行了详细的讨论之后，决定发动全省学生积极开展爱国活动，最重要的是要求废止"二十一条"，惩办卖国贼，争回青岛，抵制日货，进行爱国宣传等。

由于段祺瑞政府于六月三日逮捕了在北京街头讲演的学生千多人，引起全国人民更大的愤怒，上海的工人和商人于六月五日开始罢工、罢市。不到几天，罢工罢市的浪潮就席卷了全国各大城市，也席卷了湖南全境。这时的五四运动已经成为全国工人、商人和学生大联合的革命运动，力量更加雄伟壮大。北京政府经不起这种人民联合的力量的抵抗，始让曹汝霖、章宗祥、陆宗舆辞职，企图缓和全国人民的愤怒。

在毛泽东同志的推动下，湖南学生联合会和早已在五月间和湖南各界公法团体如教育会、商会等所组成的国货维持会取得联系，并积极参加当时抵制日货的中心工作。这样一来，长沙城和湖南全省以抵制日货为主要活动的爱国运动就蓬蓬勃勃地开展起来。

湖南学生联合会是国货维持会最有力的支柱。它派出很多学生做调查员，经常到沙号、南货、纸业、印刷、玻璃和日货等商店进行细致的调查。查出日货，硬性封存，限期拍卖。如这些商店阳奉阴违，继续偷卖日货，就对他们分别给予罚金、没收或焚烧日货等处分。以贩卖日货出名的吴大茂百货店，违反规定，被苏广业国货维持会开除。华泰长洋货号改为国货号以后，暗地仍贩进日货，被学生将店里的日货捣毁。唯利是图的奸商在这样的监察、惩罚之下，仍然花样百出，不服从管理。于是国货维持会、学生联合会、绸布业国货维持会于七月七日联合举行烧毁日货游行示威大会。游行队伍中的学生每人肩负一匹日本布，后面跟着绸布业的店员工人，最后才是国货维持会和学生联合会的旗帜。游行热闹的街道，最后到了教育会坪。学生们将布匹堆放坪中，淋上煤油焚烧。直到布匹烧成了灰，游行队伍和参观群众才散走。

到七月九日，学生联合会又邀集工商各界开会，正式成立湖南各界联合会，组成包括二十个代表的各界联合会代表团。各界联合会以"救国十人团"为基层组织，各界爱国人士都纷纷加入，各校教职员组织的"救国十人团"就达二百五十余个。七月中旬，救国十人团已发展到四百多个，并成立了湖南救国十人团联合会筹备会。到十月下旬，又继续组成了很多十人团。湖南救国十人团联合会正式成立，毛泽东同志的好友柳直荀同志被推为联合会的副总干事。救国十人团的主要工作是抵制日货和做爱国救国的宣传，他们在各地热火朝天地开展活动，声势极为浩大。

这年暑假中，学生联合会组织留校学生成立讲演团十四个，到街上、码头、车站，挨家挨户进行反日爱国的宣传。男女学生在炎热的烈日下，讲抵制日货、保卫国家的道理，详细向群众宣传；并结合朝鲜亡国后人民被残杀的惨痛事实，以及当时日本海军在福州登陆，殴打学生的消息，以激发大家的爱国热情。讲演团奔走呼号，许多听众感动得哭起来。学生因为连续多日紧张活动，不肯休息，有累得吐血的。

各校学生又组织了很多话剧团，日夜排演有爱国意义的新剧，如《鸦片战争》《哀台湾》《高丽亡国史》等。毛泽东同志教书的修业学校中学部的师生，因排演《安重根》一剧，就花了二十多天的时间。各种新剧演出后，也起了很大的爱国教育作用。

在全国爱国运动和长沙抵制日货、爱国宣传的影响下，国货维持会和爱国讲演团普遍在湖南全省组织起来，积极开展活动，爱国热潮已在全省范围内沸腾起来。

湘江的怒吼

　　湖南学生爱国运动进入高潮后,毛泽东同志常和学联的主要负责人研究提高群众觉悟、鼓舞革命斗志的办法。他认为除了加强群众的基层组织外,必须以正确的革命思想武装群众的头脑,才能推动爱国运动的继续前进。他还认为有发行一种具有高度政治思想性的刊物的必要。

　　他的意见,很快就得到大家的赞同,大家决定由湖南学生联合会出版一种评论性质的定期刊物,并推他负主编责任。在他紧张筹备十多天之后,一个形式内容略如当时风行全国的《每周评论》的《湘江评论》,第一期于七月十四日出版了。

　　毛泽东同志在他写的"创刊宣言"里说明了《湘江评论》发行的宗旨。他说:现在世界革命的潮流,是任何力量所不能阻挡的。世界上最强大的力量是全体人民联合的力量，人民应当团结起来，为自己的彻底解放同强权统治做斗争。《湘江评论》的职责，就在于研究、传播和推行当前世界革命的新思潮。

创刊号的内容有西方大事述评、东方大事述评、世界杂评、湘江杂评、新文艺等等，差不多全部文章都是毛泽东同志写的。每篇文章都体现着反封建、反军阀统治的思想，都洋溢着不妥协的反抗精神，读起来使人感到痛快和有力量。又由于这些文章不但揭露了反动统治阶级的罪恶，而且为人民指出了斗争的方向和途径，读过这些文章之后，大家觉得积在心头上的焦虑和苦闷得到了解除，眼前出现了光明和希望。有人说："《湘江评论》就是湘江的怒吼。"有人说："《湘江评论》才算得真正代表人民说话的刊物。"

第一期《湘江评论》订印两千份，一天就卖光，加印两千份，不到三天也卖光。从第二期起印五千份，还不能满足外地读者的需要。当时一个地方的报刊发行到这种数量，是很难的。长沙、湖南全省和武汉、广州、成都等地的青年学生、进步教师，多成了《湘江评论》的好朋友，每期出版，争相阅读。北京的《每周评论》曾在第三十六期上做了介绍，说："武人统治之下，能产生我们这样一个好兄弟，真是我们意外的欢喜。""《湘江评论》的长处是在议论的一方面。湘江评论的第二、三、四期连续登载的《民众的大联合》一篇大文章，眼光很远大，议论也很痛

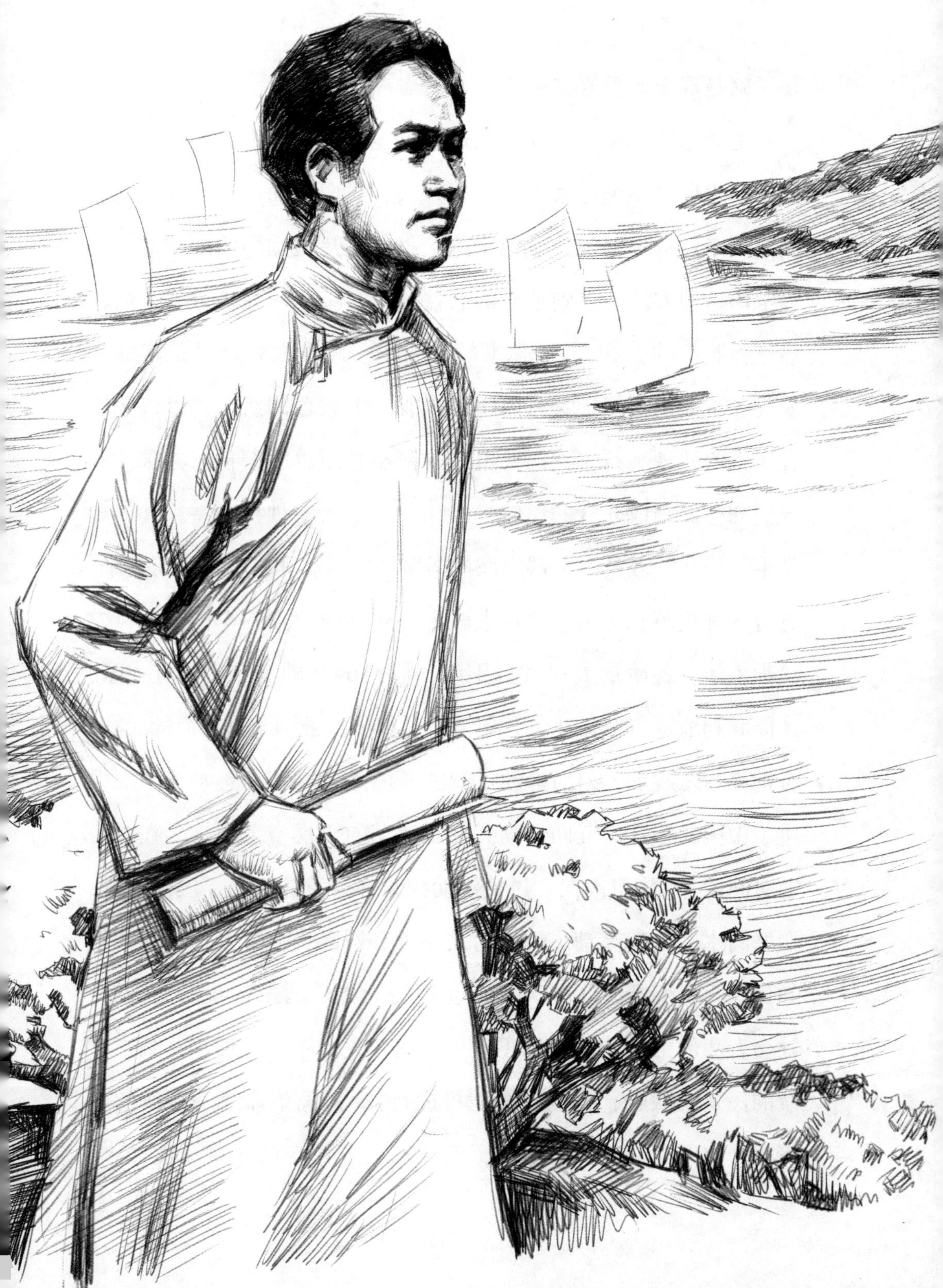

快，确是现今的重要文字。"

毛泽东同志在《民众的大联合》这篇文章里指出："陆荣廷的子弹永世打不倒曹汝霖等一班奸人。我们起而一呼，奸人就要站起身来发抖，就要舍命地飞跑。我们要知道别国的同胞们，是通常用这种方法，求到他们的利益，我们应该起而仿效。我们应该进行我们的大联合。"他继续又指出：民众大联合最根本的是农民和工人的组织。农民们应该结成一个联合的组织，以谋我们种田人的种种利益，我们种田人的利益必须由我们自己去求。工人们同样要结成联合的组织，以谋我们工人的种种利益。其他如学生、妇女、教员……都应该根据切身的利益和要求，组织起来，进行各种改革和斗争。民众大联合必须这样建立在全国工人、农民为主体，各阶层人民都分别组织起来的基础上，才能有力量，才能胜利地进行革命斗争。他最后又指出：俄国十月革命的成功，全世界为之震动，因而推动了欧亚两洲人民的革命运动，因而发生了中国的伟大的五四运动。五四运动的规模空前深广。在极短的时间内，"旌旗南向，过黄河而到长江，黄浦汉皋，屡演话剧，洞庭闽水，更起高潮。天地为之昭苏，奸邪为之辟易。咳！我们知道了，我们醒觉了！天下者我们的天下。国家者我们的国家。社会者我们的社会。我们不说，谁说？我们不干，谁干？刻不容缓的民众大联合，我们应该积极进行！"人民革命统一战线的政策这个中国革命的主要法宝，毛泽东同志在自己的革命实践中，在领导湖南人民的"五四"爱国运动和驱逐张敬尧运动、新文化运动、湖南初期工人运动中，都出色地应用了，都一一地证明了它具有不可战胜的巨大力量。

《湘江评论》只编写五期，每期绝大部分的文章都是毛泽东同志自己写的。刊物要出版的前几天，预约的稿子常不能收齐，只好自己动笔赶写。他日间事情既多，来找他谈问题的人也是此来彼去，写稿常在夜晚。他不避暑气的熏蒸，不顾蚊子的叮扰，挥汗疾书，夜半还不得休息。一个同在修业小学教书的新民学会会员回忆当时情形曾这样写道："他在修业小学住的一间小楼房和我住的房子只隔一层板壁。我深夜睡醒时，从壁缝中看见他的房里灯光荧荧，知道他还在那儿赶写明天就要付印的稿子。文章写好了，他又要自己编辑，自己排版，自己校对，有时还自己到街上去叫卖。这时，他的生活仍很艰苦，修业小学给他的工资每月只有几元，吃饭以后就无余剩。他的行李也只有旧蚊帐、旧套被、旧竹席和几本兼作枕头用的书。身上的灰布长衣和白布裤，穿得很破旧。朋友想借钱给他添置必要的衣服，都被他谢却。劝他晚上早点休息，他又总以约稿未齐，出版期迫，不得不多写几篇，少睡几点钟没关系来回答。"

当时热烈欢迎《湘江评论》的人虽多，但恨《湘江评论》、骂《湘江评论》的人也不少。他们认为《湘江评论》提倡男女平权、劳工神圣，反对旧礼教，批评孔夫子，是邪说异端，大逆不道"。长沙有一家报纸骂《湘江评论》是怪人怪论。

以张敬尧为首的军阀统治集团，则因《湘江评论》正面与他们为敌，公开地批评他们，反对他们，千方百计加以摧毁。他们造出了欺骗群众的谣言说："过激派到了湖南，不得了！"派军警到承印《湘江评论》的湘鄂印刷公司检查，捣乱。等到第五期还在印刷时，就横暴地封闭了湖南学生联合会和《湘江评论》。

《湘江评论》虽只出版了四期，刊行时间也只有一个多月，但它的影响很深远，不但启发了人民的革命思想，鼓舞了青年的革命斗志，也为各学校、团体办刊物开辟了道路，树立了榜样，使它们如雨后春笋一样地产生出来。在《湘江评论》和各种各样刊物的宣传鼓舞下，湖南人民的觉悟提高了，青年斗争的方向逐渐明确了，因此再进一步开展了爱国运动；并为以后的驱张运动、工人运动打好了基础。

女界钟

　　五四运动前的长沙女子学校，以周南女校、稻田师范学校的规模最大，历史也较久。其他如福湘是教会学校，卫粹、自治、崇实、蚕业、涵德、培德等是职业学校，这都不如周南、稻田有代表性。这些女校性质虽各不同，但有一点是完全一样的，就是对学生进行贤妻良母式的教育，所以这些学校既不重视培养学生参加生产劳动、服务社会的智能，也不抓紧提高学生科学文化水平，使其开拓深造，最注意的就是对她们进行封建道德的训练，恋爱俨然是严禁，社交也就被禁止，参加社会活动、政治活动则更被认为是岂有此理的事。当时女生毕业后的第一件大事就是结婚。女子教育虽然办了很多年，在社会上有职业的女子却是凤毛麟角。

五四运动发生以后,这种情况,很快就起了变化,特别是周南女校的变化更大。

周南女校校长朱剑凡,是当时一个热心研究"新教育"的人。他在一九一九年暑假中决定把周南女校加以革新。他提出革新计划的要旨是:适应现代需要,增加女子科学的生产能力,以谋生活的独立。他采取了和计划相适应的措施:注意科学的教学,提倡学生自治,鼓励学生参加社会活动。学校里顿时出现一种活跃生动的现象。正如当时长沙的报纸上所描述的:"周南学生意志奋发,很有朝气。"

周南的学生,原有"南化会"的组织,但历年都没有多少活动。这时开始成立了自治会,一方面促进学习,一方面维持纪律。自治会的主要干部是人称"周南三杰"的魏璧、周敦祥、劳启荣。她们三人和她们的女老师陶毅都加入了新民学会。新民学会有女会员是从他们四人开始的。当时女学生不敢讲社交,不敢多和男子见面,风气是十分闭塞的。她们都愿意加入以男子为基本队伍的新民学会,访问演出充分表现了她们求解放、求改造的勇气。所以在吸收她们入会时,毛泽东同志提议全体会员齐集周南开一次大会欢迎她们入会,并照全体相以留纪念。在她们领导下的周南学生自治会,做了很多事情:成立了国货维持会,创办了平民半日学校,开展了学术研究和体育锻炼的活动。而影响最大,大大推动了妇女解放运动的是发行了一种名叫《女界钟》的周刊。

《女界钟》的文章大部分是周南学生写的，也吸收一部分外面的投稿。这些文章多半是宣传抵制日货、反对奸商、打击军阀官僚的道理和发挥民主政治、宣扬劳工神圣的意义，更集中力量讨论了妇女解放问题。她们认为妇女要得到解放，必须首先做到婚姻自由和经济独立。讨论这个问题的文章，因此为虎添翼，特别多一些。

这时长沙先后发生两起女子自杀的事情：一个是赵五贞，因反抗父母包办的婚姻，在出嫁的时候，以剃刀刎颈自杀于花桥中。一个是袁舜英，袁是周南的学生，因受在校教课的爱人李某的轻视、冷淡，羞愤投水自杀。《女界钟》为这两个惨剧号召妇女界大家起来讨论。后来在《女界钟》发表的文章多半指出赵、袁两人之死，是死于"父母之命，媒妁之言"的封建婚姻制度下面；是死于妇女不能参加生产劳动，经济不能自主，完全依靠男人生活的习惯下面。因此大家认为要解放妇女，必须改造社会，从而打倒包办的婚姻，实行自由的婚姻；开辟劳动门路，使妇女都能够自食其力。

这时周南教师中有几个新民学会会员如陶斯咏、陈启民等，都对《女界钟》的编辑出版给予了一定的帮助。毛泽东同志也为它写了几篇有关妇女问题的文章。它的发行数最高时达到五千份，对于推动妇女的解放运动和女界的爱国运动都起了很大的作用。

有人曾这样说：《女界钟》的声音，震惊了腐朽的封建社会，也唤醒了一部分沉睡的妇女。

周南以外的长沙各女校，如稻田、艺芳、福湘、益湘、涵德、自治、遵道、衡粹、崇实、蚕业等也组织了女学生励进会，以"增进女界的幸福，提倡女子服务社会的能力"为宗旨，首先进行了发行白话周刊和举办平民女子半日学校的工作。这些女校学生对于妇女解放运动虽不如周南学生那样旗帜鲜明，声音响亮，但都在新文化高潮的推动下，投入了爱国运动的斗争，对改变风气，推动妇女解放，产生了巨大影响。

到一九二一年，长沙有几个男校开放了女禁，像第一师范、岳云中学都招收了为数不多的女学生，第一师范还吸收了周南转学的学生，岳云中学吸收了福湘女校开除的学生。杨开慧同志和王佩琼等几个女生因剪发等事被学校辞退，岳云中学把她们招收过来。这两个学校可说是在长沙开男女同校先河的学校。

新娘自杀

一九一九年十一月十四日，长沙发生一起轰动全城的新娘在喜轿中自杀的事件：一个在南洋街开眼镜作坊的赵某的女儿赵五贞，不愿嫁给在柑子园开古董店的吴凤林，向父母力争，没有得到同意，请求延缓婚期，又没有得到许可，因而萌生自杀的念头。出嫁之日，她私藏剃头刀上轿，于抬赴吴家的途中，用剃刀割断咽喉，自杀于喜轿中。

这事在报上发布的第二天，毛泽东同志写了一篇《对于赵女士自杀的批评》，在十六日的长沙《大公报》上登出。他在这篇文章中指出赵女士的自杀，是环境逼着他求死的。"赵女士的环境是：（一）中国社会；（二）长沙南阳街赵宅一家人；（三）他所不愿意的夫家长沙柑子园吴宅一家人。这三件是三面铁网，可设想作三角的装置。赵女士在这三角形铁网当中，无论如何求生，没有生法。生的对面是死，于是乎赵女士死了！"在文章结束时，他又郑重提出："昨日的事件，是一个很大的事件。这事件背后，是婚姻制度的腐败，社会制度的黑暗，意想的不能独立，恋爱不能自由。……希望有讨论热心的人，对这一个殉自由殉恋爱的女青年，从各种论点出发，替他呼一声'冤枉'。"

继这篇文章之后，他从十一月十八日到二十八日几天中间，又写了《赵女士的人格问题》《"社会万恶"与赵女士》《非自杀》《恋爱问题——少年人与老年人》《婚姻上的迷信问题》等论文和杂文共九篇之多。这些文章集中攻击了吃人的礼教，攻击了封建的社会制度。他在《"社会万恶"与赵女士》一文中很鲜明地提出他的论点："社会里面既有可使赵女士死的'故'，这社会便是一种极危险的东西。他可以使赵女士死；他又可以使钱女士、孙女士、李女士死；他可以使"女"死，又可以使"男"死。我们现在未死的人，还有这么样多，我们就不能不预防这危险东西遇着机会随时给我们以致命伤，我们就不能不大声疾呼，警觉我们未死的同类，就不能不高呼'社会万恶'！"

他对于赵女士自杀给予无限的同情，讴歌她的"不自由，毋宁死"的反抗精神，但仍是反对自杀的。他在《非自杀》一文中这样写道："吾人于此，应主张与社会奋斗……"反抗旧社会，"与自杀而死，宁奋斗被杀而亡。"如目的达不到，"截肠决战，玉碎而亡，则真天下之至刚勇，而悲剧之最足以印人脑府的了"。

在《婚姻上的迷信问题》一文中，他提出迷信最大的是婚姻命定说。他认为服从命定说的婚姻在当时的中国社会上要占十分之八。其他还有"合八字""订庚""择吉""彩轿""迎喜神""拜堂"等种种迷信。这些迷信是婚姻上的一些把戏，不过把一对男女用这些迷信的绳索将他们活活地捆住。因此必须把这一切迷信打破，使婚姻得到彻底的自由。

由于毛泽东这样的发动，长沙各报纸都展开这个惨剧的讨论。除《女界钟》结合这个惨剧大张旗鼓地进行了妇女解放的宣传外，许多教育界、新闻界人士，以及青年学生都写了文章，展开热烈的讨论。仅以长沙《大公报》上发表的文章来看，就很热闹。十一月下半月刊中，就登载了（龙）兼公、殷伯、（萧）汝霖、迈君、（龙）毓莹等所写的二十多篇文章。他们从分析赵五贞自杀的原因到改造婚姻制度的意见，提出了各人的看法，形成了一次对封建制度的大进攻。

新湖南

　　和全国各地一样，在五四运动的影响下，湖南省内以推动爱国和新文化运动为目的的小型刊物风起云涌地在各级学校刊行。中学的有《明德周刊》《岳云周刊》《女界钟》等，大学的有高工的《岳麓周刊》、湘雅医学院的《新湖南》等，不下数十百种。大学的刊物以《新湖南》的刊行有着特别意义。

　　湘雅医学院是美帝国主义在中国建立的学校。它一贯向中国学生进行亲美、崇美的奴化教育，使其为它的殖民主义服务，多数学生受此种教育的熏染既久，除开读点死书，为个人的名利打算外，从来不关心国家大事，对政治斗争、社会改革更不感兴趣。但是，五四运动这股汹涌澎湃的浪潮，很快就冲进了湖南，冲进了湘雅。这个平静得像古井的殖民主义教育园地也泛起了壮阔的波澜，一些参加了当时爱国运动的学生，居然办起反对旧礼教、提倡新文化的刊物来了。

一九一九年六月二十三日，他们的《新湖南》创刊号出版。① 他们在发刊词里提出的六项宗旨是：一、反对旧礼教，提倡新道德使国人知所取从；二、改造家族制；三、提倡男女平权生活独立；四、提倡劳工神圣，反对分利坐食；五、提倡平民教育；六、灌输卫生常识。创刊号的几篇文章，主要谈了妇女解放、劳工神圣、废除遗产制度、促进平民教育几个问题。这是他们改革社会的主张，也是予他们《新湖南》以新中国的理想。

从来不关心国家社会问题的学生，能够像这样提出改革社会的要求和建设湖南的理想，应该说是难能可贵的了。

他们虽然提出了改革社会的口号，却又在征稿启事中要求来稿的言论不涉及政治。他们想脱离政治来改造社会，显然是一种糊涂思想！

不久，学院入了暑假，没有几个人能继续替《新湖南》写稿。这时，《湘江评论》已被禁止发行，湘雅学生自治会负责人征得毛泽东同志同意，从第七期起由他主持编辑。他决心把这个刊物办好，在第七期上写了一篇《刷新宣言》，说："本报第七号以后的宗旨是：一、批评社会；二、改造思想；三、介绍学术；

---

① 编者注：《新湖南》原为《救国学生报》，于1919年6月9日编印第一号，到6月19日编印第四号时提出下一期将改名为《新湖南》。

四、讨论问题。第七号以后的本报，同人尽其力之所能，本着这四个宗旨去做，'成败利钝'，自然非我们所顾。就是一切势力Authority也更非我们所顾。因为我们的信条是：什么都可以牺牲，惟宗旨绝对不能牺牲！"

为了使《新湖南》周刊能够继续《湘江评论》的精神，他每期都写一篇较长的政治论文。同时，对张敬尧的横暴统治做正面的打击；对当时的国际、国内和本省一些重大问题，写出些分析批判的论述，使读者得到极大的启发和教育。第七期的重要文章就有《社会主义是什么？无政府主义是什么?》《评新中国杂志》《哭每周评论》《读问题》等。内容和形式都与第六期以前截然不同。大家觉得《湘江评论》复活了！

张敬尧对于反对他的报刊是不允许其存在的，所以毛泽东同志编的《新湖南》还不到四期，就被迫停刊。虽然只是短短的四期，但已替《新湖南》周刊增加了不少的光彩，替当时湖南大学生指出了奋斗的途径。

驱张运动的爆发

提起张敬尧,湖南人民没有一个不切齿痛恨的。一般人认他为毒,比他为虎,恨他更远在汤芗铭、傅良佐等一些统治湖南的北洋军阀之上。他从一九一九年的夏天打败谭浩明,做了湖南督军兼省长之后,没有做过一件好事情。他放纵他所带的"北军"到处奸淫、掠夺、放火、杀人。他们到哪里,哪里的商人就得停止营业,农民就被逼得不敢种田。纵在风雨之夜,也要藏躲到深山密林中去,如果没有躲藏得及,落入了他们的手中,就一定要受到凌辱、劫夺和种种难以想象的痛苦,常常弄得方圆几十里内空无人烟。乡间流行一首这样的歌谣:"灰面它、灰面它,吃了我的鸭,吃了我的鹅,还要强奸我的老外婆。"长沙城内城外和附近郊区,也常常发生商店被抢劫、妇女被轮奸、居民被惨杀的案件，长沙报纸上记载的，一年之间不下五六十起。他又想尽一切办法刮钱。除大量贩运鸦片烟和巧立名目，加收盐税之外，又设立裕湘银行、日新银号，滥发纸币。单以铜圆票来说，就发出一万万串以上，银圆票发行量也极大。纸票既不兑现，自然就一再贬值，一块钱买不到三根油条。教育经费常拖欠五六个月不发，公立学校的师生，常常断炊，弄得学生退学，教师罢课，学校纷纷关门。他的三个兄弟敬舜、敬禹、敬汤，倚仗兵势，助纣为虐，招权纳贿，横行霸道。人民群众这样形容他们："堂堂乎张，尧舜禹汤，一二三四，虎豹豺狼。"大家发出悲痛的呼声："张毒不除，湖南无望。"

毛泽东同志看到张敬尧的罪恶与日俱增，人民的痛苦到了不可再忍的程度，于是在《湘江评论》被封后就开始进行驱逐张敬尧的秘密活动。他领导被封复组的湖南学生联合会，借检查日货，以坚持反日爱国运动，并与张敬尧对抗。到了一九一九年十二月二日，因张敬尧、张敬汤兄弟压迫人民的爱国运动，阻止焚烧日货，侮辱学生代表，于是大规模的驱张运动爆发了。

早几天，湖南国货维持会学生调查组在火车站起获了同仁裕等各家所购进的日货布匹、南货，数量很多。经评议部议决，于十二月二日举行游行示威后，将所起获的日货全部焚毁。

这天天气晴朗，全长沙城各级学校的学生和教师，刚吃过早饭就急忙整队出发。冬天的太阳照在年轻人绯红的脸上，照出他们内心的愤怒和兴奋。游行队伍走过东长街、青石桥、八角亭、坡子街、西长街,向教育会坪前进。大队的前面,由军乐队引导,一些身强力壮的纠察队员抬着要焚烧的日货走在军乐队的后面,男女学生约五千人又走在纠察队后面。大队的两边,学生用手挽着日货布匹联成的长布条,正像出丧时送葬人执绋一样。队伍走过洋货店面时,"抵制日货""打倒奸商"的口号叫得特别响亮。洋货店悬挂的放盘赠彩、七折八扣的旗帜,都被取掉。下午一时,游行示威的队伍已经齐集在教育会坪。一大堆日货摆放在坪中央。学生和旁观者达万人,围绕着日货站成多层的圈圈,等候日货的焚烧。

正当学联负责人和各学校学生代表站在特设的台上讲演焚毁日货的意义时,张敬尧的参谋长张敬汤穿着长袍,骑着马,带领一营兵卫队,冲进坪中,指挥他的兵从内外两面将学生紧紧围住。他自己往台上一站,就破口大骂:"放火、抢东西,就是土匪;男学生是男土匪,女学生是女土匪。对土匪还要讲道理么?打啦,办啦,就是道理!"讲到这里,他叫大刀队押着在台上的学生代表跪下,并打他们的耳光。他又在台上顿足大呼:"坪中的学生都回去,不停留!"几百个兵立即将枪上的刺刀朝着学生的胸膛,逼着他们离开会场。全体学生带着愤怒的心情回到学校。大家觉得今天受了极大的侮辱,难堪到了极点,但不知怎么办才好。

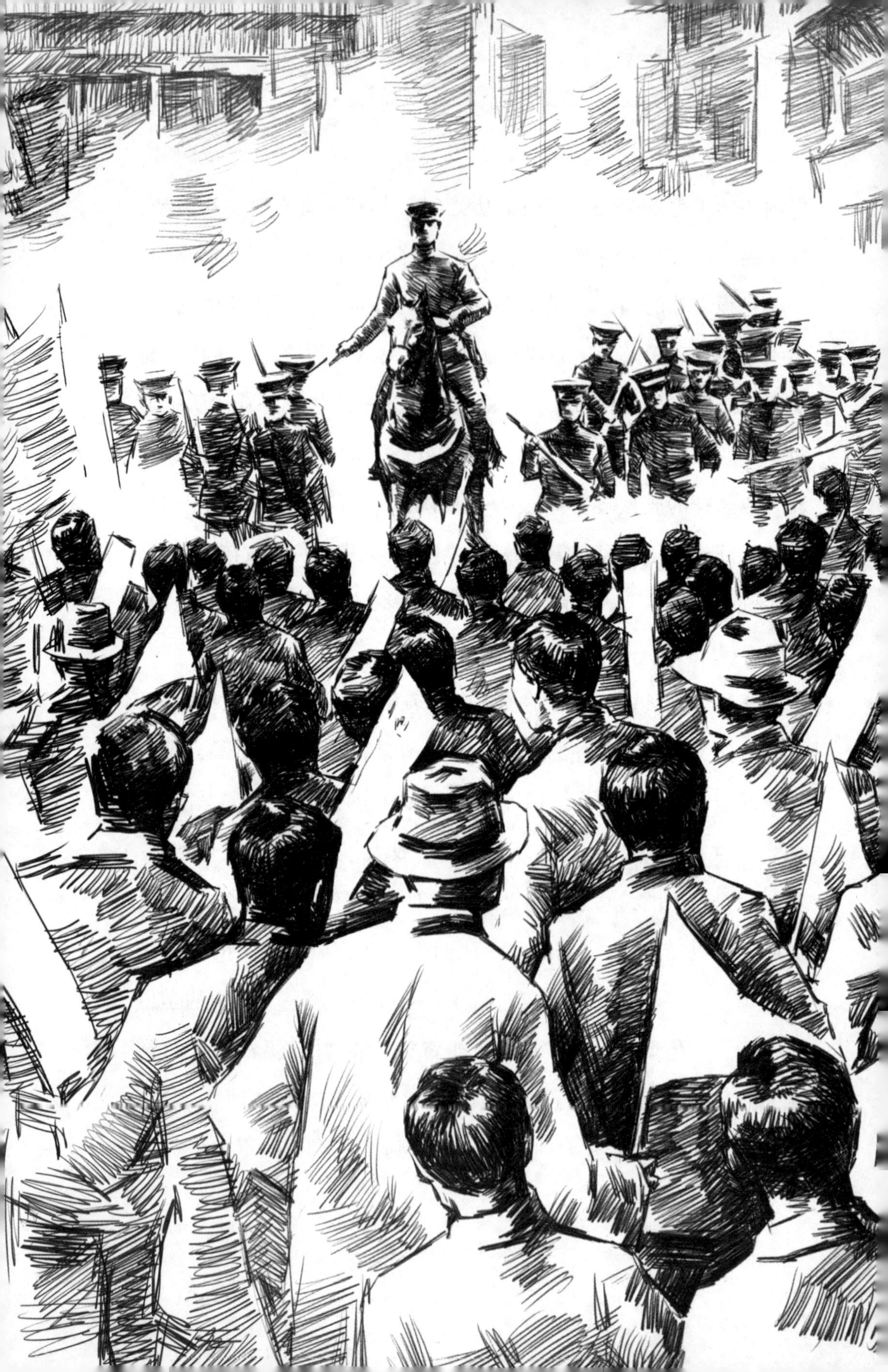

当天晚上，毛泽东同志约集了学联负责人和一部分学校的学生代表商量发动全省学校总罢课，联络省内省外的力量开展驱逐张敬尧的运动。他向大家分析了当时的形势，认为驱张具备了有利条件：青年学生的愤怒，全湖南省人民的愤怒，全国舆论的抨击，直皖两系狗咬狗的斗争，都使张敬尧完全陷于孤立，陷入四面楚歌之中。这一次压迫爱国运动，侮辱学生，更是引火自焚的举动。我们必须利用这个有利时机，坚决把张敬尧赶走，从水深火热中救出湖南三千万人的生命。

学联的干部连日四处活动，酝酿学校总罢课。但有一部分教师和学生对罢课、驱张，抱着怀疑观望的态度，有的主张驱张，但不主张罢课。针对这种情况，毛泽东同志认为第一步要说服教师，第二步要说服学生。于是，他和学会一些骨干分子如陈润霖、张孝敏、易培基、赵鸿钧等商量，由学会召集会员开会，统一对罢课驱张的认识。学会的会员多半是各校比较有威望的校长、教师，由他们发动其他教师，进一步发动学生，容易产生效果。他又在学联召开的各校学生代表会上讲了话。他说："反对张敬尧的斗争，就是反对帝国主义的斗争，就是反对卖国政府、封建军阀的斗争，也就是此时此地的具体的爱国行动。平时大家都赞成爱国，赞成改造社会，现在到了实际行动的时候了！"他激动的感情，坚定的语气，使大家感动，对表决总罢课起了决定性的作用。除福湘、艺芳两女校外，长沙全体专门学校、中学、师范和一部分小学相继罢课，学联代表中学以上的学校的一万三千多学生发布了"张毒一日不出湘，学生一日不返校"的宣言。

接着毛泽东同志又积极研究驱张的具体活动。经过几次讨论后，决定组织驱张代表团，由教师代表率领学生代表分赴北京、衡阳、常德、郴州、广州、上海等处，进行请愿和联络。毛泽东同志是赴京代表团的主持人。

在北京的一段时间，恰是冰雪满街、寒风凛冽的天气。毛泽东同志和代表们每日奔走各处，联络湖南学生、湖南议员和湖南在京的名流、绅士，向他们宣传驱张的意义。最后又在湖南会馆开了一次大会，使大家在驱张请愿书上签了名。但他们向北洋军阀内阁总理请愿时，常被拒绝接见，毛泽东同志和代表们好几次在新华门前坐了几个小时冷板凳。

毛泽东同志觉得向军阀政府请愿，绝不会发生实际效果，他们来北京请愿，不过是向全国人民揭发张敬尧的罪恶，表示湖南人民驱张的决心，以取得舆论支持而已。这个任务完成以后，他分派一部分代表南往衡阳、郴州，利用军阀间的矛盾，促使吴佩孚、谭延闿驱张。他自己于一九二○年五月到了上海，联络旅居上海的湖南人，要把驱张运动进行到底。这时候，他的生活很艰苦，靠接洗衣服吃饭。但接送衣服要坐电车，洗衣服所得又半耗于电车费。他不以此为意，除日夜作驱张活动外，还和在上海的新民学会会员商讨改革会务的问题。

这年六月间，张敬尧因吴佩孚从衡阳撤兵，谭延闿的湘军长驱直入，不能在湖南立足，仓皇逃往湖北。驱张运动至此胜利结束。

革命活动的新阶段

　　一九二〇年春，毛泽东同志因领导驱张请愿团停留在北京时，苏联政府已发出与中国建立平等外交关系的通知，受到中国人民的热烈欢迎。《共产党宣言》等马克思主义的经典著作的中文译本已经出版。十月革命的炮声已经在中国发生深广的影响。毛泽东同志在北京的几个月中，和中国首先信仰马克思主义的李大钊、邓中夏同志有了密切的联系，并且用心阅读了他们所介绍的马克思主义的主要书籍。从此他完全接受了马克思主义。后来毛泽东同志曾这样回忆这段时间的情形："在我第二次到北京期间，读了许多关于俄国革命的书籍。我热烈地搜寻一切那时能够找到的中文的共产主义文献，使我对马克思主义建立了完全的信仰，接受了马克思主义唯物史观的正确理论。从此以后，从没有动摇。

到了一九二〇年夏天，在理论上也在行动上，我成了一个马克思列宁主义者了。"

驱张运动胜利结束之后，毛主席于一九二〇年七月回到长沙。他担任了第一师范附属小学的主事（校长），后来又兼教了师范部一班国文课。他利用这个社会地位，在湖南开展宣传马克思列宁主义、建立共产党组织的活动，相继成立了马克思主义研究小组、社会主义青年团和长沙文化书社，并进行联系工人农民的工作。他的革命活动进入了一个新的阶段。

这时无政府主义者在长沙早有一些活动。青年学会、青年俱乐部、湖南劳工会、健康书社等都是他们的组织。他们都是小资产阶级的空想家，主张极端自由，不要政府，不要法律，不要领袖，废除一切带有强制性的制度；又主张平均财富，一切平等，他们正如列宁在《国家与革命》中所说："主张在二十四小时内便完全消灭国家，却不懂得实现这种消灭的条件。"这种无政府主义的思想很投合一般小资产阶级的脾胃，因此无政府主义的思想在一些青年学生和教师中间颇为泛滥。毛泽东同志进行马克思主义的宣传时，到处要和这种思想做斗争。他首先在第一师范组织了崇新学社，以学习马克思主义，争取无政府主义分子为中心活动。又把劳工会的组织者黄爱和庞人铨争取过来，对劳工会会员多方进行宣传教育。都收到很大的效果。

此外，毛泽东同志发起的星期同乐会，虽是文娱活动的组织，但对宣传马克思主义和争取无政府主义分子的转变，也起了一定的作用。

从一九二〇年的秋天到一九二一年的秋天，和毛泽东同志在一起从事革命活动的，除新民学会会员外，还有马克思主义小组和社会主义青年团的成员，联系最多、往来最密的十多人，都是活力充沛、干劲十足的青年。大家平日各有工作，分头活动，很少有机会聚在一起，因此大家觉得不满足。毛泽东同志看出大家的心意，同时为了把大家聚在一起研究一些革命斗争的策略，提议组织星期同乐会。十来人排好次序，每到星期天，依次由一人负责召集，到长沙近郊各胜地聚会，如天心阁、水陆洲、开佛寺、碧浪湖、朱家花园……就是他们常常聚集的地方。

他们到了这些地方，尽情游眺、谈笑，会讲故事的讲故事，会说笑话的说笑话，爱好文学的作诗作词，目的就是要大家敞开胸怀，纵情欢畅。但个人的思想问题和工作、学习上的问题，也可以提出和大家讨论，或和少数人交换意见，目的是使大家解除思想上的疙瘩，洗涤心情上的烦愁。大家玩够说够之后，召集人还要办点可口的饭菜让大家吃个饱。

中秋的夜晚，他们十多个人坐在筏子上，到湘江中流去赏月，对着当空的皓月，迎着轻拂的凉风，兴会淋漓，身心俱爽。一个个小小的筏子，载着他们的歌声笑声，载着他们的豪情壮志，围着长达十里的橘子洲打圈圈。直到夜深人静才回家。

他们觉得在紧张劳动之后，得到这样的休息、调节，不但有益于身体的健康，还可以鼓舞革命的劲头，提高工作效率。星期同乐会是一个有益的组织。

除了充分利用一周一次的聚会使各人的身心得到休息、调节之外，他们还抽出一定的时间，对马克思主义的学习和宣传提出一些疑难和问题，进行讨论，并由理论水平较高的同志对大家的意见加以分析、总结。这对于提高大家的革命理论水平，坚定大家的革命斗志都有很大的帮助。有时，又通过个人友谊关系，邀请信仰无政府主义分子参加集会，在共同娱乐、叙谈中间，以马克思主义的基本论点启发、影响他们，使他们逐渐认识到无政府主义的错误，从而被争取过来，成为信仰马克思主义的人。所以星期同乐会不但有娱乐作用，而且还是一种很有意义的革命活动。

毛主席回忆这时候的情景，曾写了一首《沁园春》的词：独立寒秋，湘江北去，橘子洲头。看万山红遍，层林尽染；漫江碧透，百舸争流。鹰击长空，鱼翔浅底，万类霜天竞自由。怅寥廓，问苍茫大地，谁主沉浮？携来百侣曾游，忆往昔峥嵘岁月稠。恰同学少年，风华正茂；书生意气，挥斥方遒。指点江山，激扬文字，粪土当年万户侯。曾记否，到中流击水，浪遏飞舟？

这首词不但尽写麓山湘水的秋色宜人，还因物兴感，充分表现了他英伟豪迈的气概，爽朗阔大的襟怀。"指点江山，激扬文字，粪土当年万户侯"，正是他这时恰如其分的写照。他的头脑中没有丝毫个人名利得失的尘埃，所以能够上天入地，自在翱翔；古往今来，略无挂碍，在这种革命的斗争中，战胜一切艰苦、阻碍、危险和无数顽固的敌人，而勇往直前，毫无所惧。词中"问苍茫大地，谁主沉浮"一句，更是用赞词的口气，暗示的方式，向读者提出一个有关全人类命运的真理：世界的兄弟阶级和它的先锋队，领导革命，改造世界，广大的劳动人民，掌握自己的命运，是历史发展的必然规律，是一切有觉悟的人民应该共同努力的方向。

新少年的新教育

"小学之时，宜专注重于身体之教育，而知识之增进，道德之养成次之，宜以养护为主，而以教授训练为辅。今盖多不知之，故儿童缘读书而得疾病或至夭殇者有之矣。"毛泽东写《体育之研究》时，对当时小学教育忽视儿童身体健康发育的缺点，提出了这种严重的批评。过了三年，就是一九二〇年，他担任第一师范附属小学主事（校长）时，就本着他一贯的主张，特别依据儿童的年龄特征，对他们体力智力的全面发展做了周密的考虑和妥善的安排。

过去的一师附小，课业繁重，管理严格。从形式上看，学生都守规矩，勤学习，但他们体力智力的发展受到限制，学校中呈现一片呆板、沉闷的气氛。毛泽东同志接任主事以后，就和全校老师研究改弦更张的办法。除改进教学，减轻学生负担外，更注重的是改变严格管理的训育方法，而代之以启发学生的自觉、自治的道德教育。他教各班都组织自治会，由学生自己选举主席、干事，在级任教师领导下管理班上的事务。学生有什么缺点和错误，提交自治会处理。自治会处理这类问题，必须经反复辩论，使学生认识错误，并分析产生错误的原因、产生错误的环境，以及改进错误的方法。级任教师又多方进行教育。这样一来，学生逐渐养成了自尊心、自治力，从而自觉地遵守纪律。他们不再见教师严厉、冰冷的面孔，不再受烦琐规矩的束缚，感觉学习和生活有了新的趣味。因而全校充满了愉快活跃的气氛。

毛泽东同志又教各班成立自己的小图书馆，在教师领导下选购喜欢阅读的新书。每天课余，规定了一个集体阅读的时间。还有讲演会，选定题目，自由讨论，有时还引起热烈的争辩。这些活动，提高了学生学习的兴趣，鼓舞了学生的研究精神，特别启发了学生的思想和帮助他们逐步建立自己正确的人生观。这样一来，学生变得敢想敢说，勃勃有生气。此外，他又特别关心全校师生的物质生活。过去一师附小的伙食是请人承包的，花钱多，吃不好。他号召师生组织膳食委员会，将伙食大大改善，师生都觉得满意。一个炊事工人做出来的豆腐汤特别鲜美可口，毛泽东同志便常在食堂当着师生的面加以介绍、表扬，认为这个炊事员为全校师生做了一件有益的大事。

这些改革本来是必要的，但也引起了当时一些思想顽固的人的反对。一天，师范一个教师对毛泽东同志说："你们附小学生课余时间喜欢互相追逐，互相斗打，太不好了，应该加紧管束才是。"听了这话，毛泽东同志笑了一笑，徐徐回答他："要活动，要游戏，是儿童的天性。只要不伤人、不流血，似乎没有大惊小怪、严加禁止的必要，何必一定要使小学生变成小老头呢？"

"安马合流"

在张敬尧横暴黑暗的统治下，湖南全省的教育受到严重的摧残，许多学校因为经费无着、校舍被占，有的停课，有的关门。但第一师范学校的学生在新民学会会员的推动下和五四运动高潮的影响下，坚持了开学上课的斗争，也坚持了反对军阀的斗争，表现得特别硬气。当一九一九年秋季开学时，张敬尧政府不发钱，全校学生就大家凑钱办伙食，要求教师尽义务来上课。张敬尧的兵虽然霸占大部分的校舍，对学校的事务横加干涉，但一师学生在长沙反对军阀、驱逐张敬尧的运动中经常是中坚力量。

张敬尧被驱走后，一师教员驱张代表团的领导人之一易培基被任为湖南省教育委员会的委员长（相当于教育厅厅长），他觉得一师是一个重要的学校，就自己兼任了校长。在毛泽东同志的影响和帮助下,他决定迎接新文化运动的高潮,把一师办成一个新型的学校,在湖南全省的中等教育中树立一面前进的旗帜。

一九二〇年秋季开学前,他就先从北京、上海、杭州、武汉等地聘来有新思想的教员十多人,又在省内选聘一些新从北京大学和北京高师毕业的学生担任各科教员。负教务责任的是匡互生,负财经责任的是熊瑾玎,又聘毛泽东同志为附属小学主事(校长),并在师范部兼教语文。他就依靠了这些骨干分子来进行一师的教学改革和文化运动。

在一九二〇年到一九二一年这段时间内,一师的改革是很多的,最显著的表现在以下几个方面。

一是管理上的民主作风。学校领导认为要让学生发展个性,不要管得太紧,首先取消了监督学生学习的学监,而代之以训育员。又鼓励学生组织学生自治会,自己管理生活和学习;学校的行政会议,学生自治会经常派代表参加;对于教师的进退,教学的改革,经费的使用,纪律的执行,学生自治会都可以提出意见。有一个姓黄的老图画教员只会教学生临摹中国古画,教学中缺乏思想性和创造精神,学生表示不满意。学校即从杭州聘来两个姓冯的图画教员。这两个教员到校后,学校立马出现了实物写生、郊外写生以及制作模型的热潮。一个姓任的学生盗窃学校的玻璃,因同学揭发,经自治会大会决议,开除了学籍。学校极力支持学生的集会、结社、发行刊物、采集标本和锻炼身体的活动,对此从来不加干涉。为了让学生充分发挥自主思想和开展批评，开始运用了大字报。有一次为了争论学生自治会章程，几个学生用大字报互相批评辩论，引起全校同学的注意。

一师学生在五四运动的影响下，在学校充分发展个性的教育下，自觉自治的精神也空前提高。他们在政治、文化各方面都迫切要求进步，特别重视个人的品质修养和思想解放。一股追求真理的热潮，在全校冲击、震荡着。

二是学习上的自学风气。整个学校充满了自学的精神。每个学生除课堂学习以外，都争取阅读有关新文化、新科学的书籍。那时文化书社距校六七里，为了便利一师学生购买新书，特在一师传达室设立了一个分销处。每次送到这里的社会科学、哲学、史学的书，总是随到随尽，供不应求。各种报纸也被争相传阅。

当时出版的新书，有马克思、恩格斯的《共产党宣言》，有克鲁泡特金的《互助论》，有歌德和托尔斯泰的文学作品，也有罗素和杜威的哲学讲演录等，不下百数十种。没有选择能力的青年学生，见书就买，各自阅读。既没有集体的讨论，又缺乏教师的正确指导，思想上不免有些混乱，有的感到沉闷，有的误入歧途。只有一部分受到毛泽东同志指导过的学生就多能对购阅书报有所选择，终于走上了革命的大道。

学校领导人又特别重视学生兴趣，让学生自由组织各种学习社团。先后成立了文学团体爱社、飞鸟社，艺术团体美术研究会，科学团体史地学会等十多种组织，开展了座谈、讨论、讲演、展览创造和出刊物种种活动。没有参加这种社会活动的学生很少，有的学生还参加了两个社团。当时爱社的成员是由一些受到托尔斯泰和克鲁泡特金博爱互助思想影响的学生组成的。社员都集中住在几个寝室里。室内地板打扫得十分干净，就地开铺，入室都脱鞋。恽代英同志到长沙时，曾到社里和社员们谈过话。他谈到国家和政党的产生和消灭。也谈到了帝国主义和阶级斗争，为他们上了一堂很好的政治课。但除此以外，他们没有受到更多的政治教育，觉悟还是不高。飞鸟社则是教员和学生共同组织的，主要的发起人是冯三昧、刘梦华、张文亮等。出过名叫"飞鸟"的刊物，内容多属小资产阶级感叹人生的作品，反帝反封建的味道是不多的。史地学会和美术研究会，也都开过成绩展览会。这些成绩的获得，主要是学生有很强的自学精神的结果。

三是革命活动的自由开展。当时的一师是文化的摇篮，也是政治思想斗争的场所，从一九二〇年起，教员中有毛泽东同志和陈昌同志等在一师进行马克思主义的宣传活动，他们的思想影响了很多的学生。但教员中沈仲九、匡互生、张石樵、彭志仁等是无政府主义者，陈启天、余家菊等是国家主义派，还有很多的国民党员，各人都想用自己所信仰的政治思想影响学生。

毛泽东同志当时的革命活动不限于一师范围，而在一师也指导了萧述凡同志组织"崇新学社"，夏曦、郭亮同志组织"马克思主义研究会",从事马克思主义宣传和革命组织的建立的工作。无政府主义者在一师也组织过"明社",学生中有刘梦华、杨业光、黄志尚等人参加,出刊过名叫"光明"的小册子。当时长沙的无政府主义者李少陵、黄爱、庞人铨、袁绍先等人已有组织,开始在工人中成立工人读书会,后来发展为"劳工会",曾经一度表示反马克思主义,等到一九二一年湖南共产党组织成立以后,毛泽东同志争取无政府主义者参加革命,吸收黄爱、庞人铨加入了社会主义研究会,使无政府主义者逐渐倾向于马克思主义。学生把这种争取转变的过程叫作"安马合流"(安那其主义与马克思主义合作),就是党的说服教育说服了无政府主义者。至于国家主义派和国民党员,在学生中产生的影响不大。这几年的第一师范,在毛泽东同志的领导、推动和影响下,终于胜利地成为马克思主义的光辉阵地。

文化书社

五四运动后,新文化的宣传、鼓动,很快就在全国各地蓬勃开展,新的报刊、书籍的发行,数量大大增长。而湖南在张敬尧统治时期,一切新思想、新事物都被禁迫、摧残,新书新报很不容易进来。同时,张敬尧兄弟又求神打醮,大修庙宇,公开提倡迷信。湖南青年笼罩在这种乌烟瘴气下面,思想觉悟自然不容易提高。

毛泽东同志在北京、上海从事驱张运动时就讲将张敬尧驱走后,要在湖南大力开展新文化运动。一九二〇年七月他由上海回到湖南后,驱张运动已经胜利结束,当时最迫切的工作是创办书店,集中贩卖新书报,向全省青年传播新思想、新文化,他立即集中精力筹划了这件事情。为了筹集资金和扩大影响,他争取长沙当时教育界、新闻界、工商界一些有声望的人物支持，共同发起创办一个新文化书社。

毛泽东同志又亲自写了一个《文化书社缘起》在报上刊出。他说："没有新文化，由于没有新思想，没有新思想，由于没有新研究；没有新研究，由于没有新材料。湖南人现在脑子饥荒，实在过于肚子饥荒，青年人尤其嗷嗷待哺。文化书社愿用最迅速、最简便的方法，介绍中外各种新书报杂志，以充青年及全体湖南人新研究的材料。"

开办书社的资金是不容易解决的问题。毛泽东同志与一些新民学会会员和长沙教育界上层人物商量，大家同意每人投资十元，第一次只筹集了四百余元。不久，又向各方筹了一点，共达一千元。由于资金不多，书社最初一段时间内经售的书不到二百种，杂志四十多种，报几种。都是随到随售完，还不足以满足读者的需要。

书社为了积累资金，扩大营业，极力节省开支，只用两个营业员。营业员的工资也很微薄，实际上只够吃饭。所租潮宗街三间作社址的房子也花钱不多。社里的账目随时清理结算，毛泽东同志亲自协助核算，使它丝毫不乱。由于采取这些措施，社里逐渐有了一点积累，营业的范围也逐步扩大达六七十处。省外，当时营业来往最多的有北京的晨报社、北大出版部、北京学术讲演会，上海的泰东图书馆、亚东图书馆，广东的青年社，武昌的利

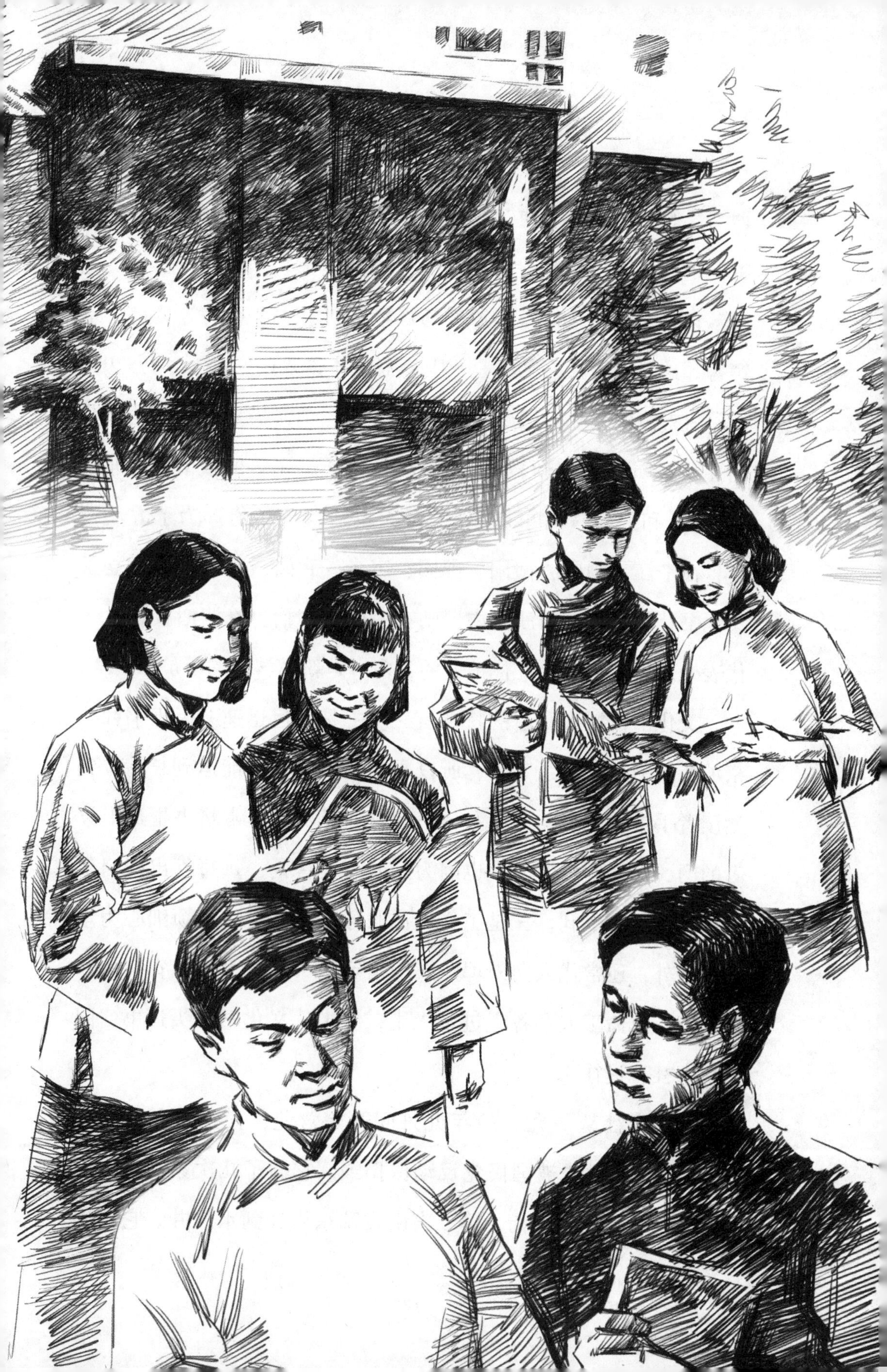

群书社等。因此为了使营业更加发达，全国各地出版的新书新报，特别是共产党、青年团的刊物如《向导周报》《中国青年》《先驱》以及新青年出版社出版的马克思、列宁主义丛书等更是大量销售。这时销售最多的书是《马克思资本论入门》《社会主义史》《新俄国之研究》《劳农政府与中国》等，销售最多的杂志是《劳动界》《新青年》《新教育》《新生活》等，销售的报纸只有北京《晨报》和上海《时事新报》，每天也达四五十份。为了方便读者，在平江、浏阳、衡阳、邵阳、宁乡、武岗、溆浦等处设立了文化书社的分社，长沙城内，则在一师、楚怡、修业诸校设立了代表处。负责创设分社代销处的，多半是新民学会的会员。

　　文化书社被人称道的特点有三。一是贩运迅速。由于书社与京沪各地书报业联系紧密，所以国内书报很快就能运到长沙，到达读者手中。二是购买便利。书社营业员少，但常将书报送上读者的门，很多学校的学生也因为到处有代售处，每每不出校门就可买到所需的书刊。三是工作人员服务态度好。除耐烦细心为读者服务外，还常代人向外埠购买所指定购买的新书。全省广大知识青年、革命工人和各界进步人士，多半从文化书社买过书，同文化书社有过往来。

　　文化书社从一九二〇年九月间开始营业，直到一九二七年"马日事变"时才被国民党反动派捣毁。它搬了几次家，头一次由潮宗街迁到贡院东街，第二次由贡院东街迁到水风井。它的创设和发展，是湖南人民文化生活和政治生活的一件大事。它对于在湖南境内广泛地传播马克思主义思想和推动新文化运动，起了极其重大的作用。国民党反动派虽然能够摧毁它的躯壳，但对它在宣传革命思想、推动革命事业方面所取得的辉煌成就是永远摧毁不了的。

《通俗报》的新页

湖南通俗教育馆主办的《湖南通俗报》① 从辛亥革命后创刊到一九二〇年，已有好多年的历史。它是当时的省政府粉饰门面、表示关心民众教育的东西。办报的人并没有明确目的和方针，每天除登载一些政府的文告和陈腔滥调、空洞无物的讲演评论之外，还从大字报上剪剪贴贴，抄抄摘摘，填满空白，应付出版，从内容到形式都没有引人注意的地方。发行的份数既少，阅读的人更不多。但自从何叔衡同志于一九二〇年九月接任馆长后，这种情况就大大改变了。

---

① 编者注：《湖南通俗报》前身为辛亥革命后都督府演说科主办的《演说报》，1914 年改名为《湖南教育通俗报》，1920 年由何叔衡等接办后始改为《湖南通俗报》，由湖南通俗教育馆发行。

何叔衡同志是宁乡的老秀才,和姜梦周、王凌波、谢觉哉三同志是老同学,也是好朋友。他们曾同在云山小学教书,提倡学生学科学,作应用文,遭到一群守旧分子的激烈反对。一九一三年何叔衡入第四师范①讲习科学习,认识了毛泽东同志,两年毕业后到长沙楚怡小学教书,与毛泽东同志往来加密,相知渐深。毛泽东同志组织新民学会时,他是最早被邀参加的一人,也是会员中年纪最大的一个。他极佩服毛泽东同志,曾向谢觉哉同志说:"毛润之(即毛泽东同志)是个了不起的人物。"毛泽东同志则认为何叔衡同志虽不能谋而能断,并常向人介绍说:"叔翁做事可当大局,非学问之人,乃做事之人。""何胡子是一条牛,是一堆感情。"毛泽东同志开展新民学会活动,常和他商量问题;毛泽东同志推动长沙教育界的知识分子组织健学会,他极力奔走联系;毛泽东同志发动驱张运动,他挺身而出,当请愿代表。他是毛泽东同志初期革命活动的积极参加者和坚决支持者。

张敬尧被赶走后,驱张代表先后回到长沙。何叔衡同志被省教育委员会派作通俗教育馆馆长。他决心要把《通俗报》办好,使它成为提高人民思想觉悟的有力工具。但他邀约到馆担任经理和编辑的人如谢觉哉、熊瑾玎和周世钊,都是小学教员,全没有办报的经验。在这种情形下面,何叔衡同志和几个编辑很自然地

---

① 编者注:何叔衡于1913年考入湖南省第四师范,后并入第一师范。

想到要请毛泽东同志来做指导员，做参谋长。毛泽东同志的事情虽然很多，但仍挤出了不少时间替《通俗报》出主意，定计划。他出席参加了第一次编辑会议。在这次会议上，他深入分析了当时湖南政治、社会各方面的情况之后，提出了《通俗报》宣传的任务和主要内容。他说："报纸主张什么，反对什么，态度要明朗，不可含糊。"他说："《通俗报》是向一般群众进行教育的武器，文字必须浅显生动，短小精悍，尤其要根据事实说话，不可专谈空洞的大道理。"他这些主张，被参加会议的人全部接受，成为这一时期《通俗报》的工作纲领。隔不上几天，他总要到馆里来一次，随时对编辑工作提出建议性的意见，使编辑质量得以不断提高。

在他这样热情的帮助下，湖南《通俗报》出现了新面貌，形式和内容都和过去的报纸截然不同。绝大多数读报的人都觉得《通俗报》敢于说话，敢于提出别人不敢提出的问题。他们常从《通俗报》上读到劳工神圣、妇女解放、文学革命、民众联合起来，以及反对吃人的礼教、反对贪官污吏、反对军阀的文章，感到新鲜、痛快，思想认识也大大提高。他们最感兴趣的还是谢觉哉同志在"小批评""随感录"中写的那些揭露政治上、社会上一些怪象丑态的讽刺短文。这些文章，说话不多，句句搔着痒处，打中要害，使被批评的人杀不掉，躲不脱，反辩不得，读者觉得这些短言语道着了自己心中想说口里却说不出的话。熊瑾玎同志写的"新字课",也是文化水平不高的读者喜爱的东西。因为他在注意符号、教人认字的同时,用几句很通俗的话,结合实际,向读者进行思想教育。周世钊也写了一些打击旧社会以宣传新文化的评论和杂志。这样一来,《通俗报》的发行数量大大增加。有些中小学把它作为学生课外必读的读物,工人和市民中读它的人一天天增多,连没有看报习惯的农民也订阅它了。

毛泽东同志看到《通俗报》办得还不错,觉得对革命运动有帮助,常给几个新民学会会员打气,说这一阶段的《通俗报》是湖南省有《通俗报》以来的新局面,希望大家更求进步,使它对推动湖南文化运动起一定的作用。

但社会上一些思想顽固的人,说《通俗报》宣传"过激主义"。馆里也有这样的人。赵恒惕的一个亲信,大家叫他作"油炸豆腐"的蒋某,常跑到赵恒惕那里说何叔衡同志坏话。他说:"何胡子专听毛泽东同志的主张,尽用新民学会会员做干部,这些人都是过激派,天天在报纸上对政府的措施进行冷嘲热讽……"赵恒惕的左右亲信也对赵恒锡说:"政府自己办的报纸专门骂政府,本来是教育民众的《通俗报》,变成了宣传过激主义的刊物,真是岂有此理!"有人告诉何叔衡同志要他提防,他说:"怕什么,撤职查办也不是什么大不了的事情!"

到一九二一年五月,赵恒惕政府竟以宣传过激主义的罪名撤了何叔衡同志馆长的职务,委派益阳龙某接替。新民学会的会员也都离开了通俗报馆,有几个去了毛泽东同志所主持的一师附小教书。以后大家在一起谈到《通俗报》时,毛泽东同志说:"这一年的《通俗报》办得很不错。"

这时毛泽东同志和何叔衡同志已在长沙开展建党的准备工作,常在馆里召集新民学会会员和与建党有关的人谈问题,以何叔衡同志为中心,新民学会会员为骨干的湖南通俗教育馆,成了革命活动的联络站。